Manuel Vázquez Gil

SUICÍDIO

UM ATO A DOIS

São Paulo, 2020

SUICÍDIO

UM ATO A DOIS

Capa: Luan Alejandro C. V. Gil – autista

Revisão: Andressa Batista – cega e autista

SUICÍDIO

UM ATO A DOIS

Para todos os que, superando seus próprios fantasmas,

dedicam a vida ao seu próximo e amam como se houvesse

amanhã.

ÍNDICE

I – Itaíra

A história da colonização do Brasil pelos portugueses começou e foi direcionada por um suicídio. Martin Afonso de Souza chegou a São Vicente, esta bela cidade onde moro há seis décadas, no dia 22 de janeiro de 1532, encarregado de tomar posse do que se tornaria a maior e mais rica de suas colônias.

Aqui chegando, o navegador encontrou as terras povoadas por indígenas Tamoios e Tupis Guaranis e, estranhamente, com alguns portugueses já aqui residentes, homens que fugiram da lei e que atravessaram o grande mar em pequenos barcos a vela. João Ramalho era o mais ativo deles, o líder, casado com a filha de um chefe indígena. Foi ele quem serviu, por muito tempo, de tradutor e apaziguador de conflitos.

Pois Martin Afonso e seus homens construíram uma pequena vila à beira do mar e, encimando as casas caiadas, uma capela que anunciava com seus sinos a chegada de barcos à aconchegante baía que eu sempre defino como um útero natural.

Aconteceu que Itaíra, uma bela índia que fora adotada por um nobre português morador do local, apaixonou-se por Otávio, filho do fidalgo. Mas não foi correspondida pelo varão, que estava noivo de uma moça da corte de Lisboa e com quem viria a se casar. Foi no dia do casamento, no dia de São Sebastião, que Itaíra se recolheu a um canto e lambeu as dores da sua paixão. Incapaz de suportar o sofrimento, ela caminhou pelas areias da praia, entrou na água e se deixou levar.

Conta a história que os deuses resolveram vingar Itaíra. Alguns dias depois, ondas pavorosas varreram tudo para o fundo do mar: casas, capela, barcos, animais, muitas pessoas. Isso foi em 1542, mas a vingança perdura até os dias atuais.

Estacionada no fundo do oceano, a pequena capela segue badalando toda vez que um barco adentra a baía. O barulho da cidade, agora grande, não nos deixa perceber, mas em noites silenciosas e de mar calmo é possível escutar o barulho dos sinos fluindo por entre as espumas das ondas. Quando alguém consegue ouvir o badalar, nem precisa levantar os olhos para o horizonte, pode ter certeza de que um barco invadiu a baía de Itaíra.

Consta também que os deuses mantém a capela ali, não para torturar Itaíra com a lembrança da dor, mas para que nunca se esqueça de que precisa manter o foco: o alvo é a igreja Matriz e a vila que já abriga agora quatrocentas mil almas.

Martin Afonso reconstruiu a vila e a igreja longe da praia, mas não adiantou: tempos depois o mar se levantou ainda mais poderoso e foi buscar a igreja e a vila lá longe. Vila e igreja que foram reconstruídas mais distantes ainda e num lugar mais alto: ainda hoje, a Igreja Matriz da cidade fica sobre um pequeno morro, de frente para a vila original, que foi reconstruída pelo poder público e serve de atração turística. A casa de Martin Afonso foi consumida pelo fogo décadas atrás, quando eu já era um jovem adulto, mas ainda tem gente que diz que fez parte da maldição de Itaíra: ela teria impedido que as águas do mar apagassem as chamas.

De vez em quando o mar tenta atingir a igreja Matriz, mas os homens modernos construíram barreiras de pedras que cortam as ondas ao meio, numa tentativa de evitar. É possível que o mar queira destruir a igreja porque foi ali que Otávio consumou o casamento com a moça da corte. É minha opinião e meu temor de que um dia conseguirá, contra toda a tecnologia desenvolvida para evitar catástrofes naturais.

Sei que a maldição permanece, e pessoalmente já assisti inúmeras vezes às ondas destruírem o calçadão da praia e a avenida que margeia o mar, arrastarem carros e pessoas, inundarem garagens, sempre em busca da igreja Matriz.

Por aqui sempre sabemos quando houve um suicídio causado por um amor não correspondido, porque nesses dias o mar se revolta e arrebenta tudo o que pode no seu caminho. É Itaíra, compadecida das suas iguais, buscando a vingança final. No dia em que a igreja for destruída pelo oceano e não for mais reconstruída, aí então os suicídios por sofrimentos de amor nunca mais acontecerão.

Lendas. Lendas podem ser verdadeiras ou não, jamais saberemos. Sei que assisti ou fiquei sabendo de alguns suicídios iguais aos de Itaíra, alguns por afogamento no mesmo mar em que ela desapareceu, outros por outros diversos meios. Mas sempre, no dia seguinte, o mar cresce assustadoramente na direção da Matriz.

II - Sérgio

Poderia dizer que fui empurrado para esse negócio aos 14 anos de idade, no dia fatídico em que Sérgio, o filho do barbeiro, irmão da bela e cobiçada Mariângela, afogou-se sob as pedras do monumento ao descobrimento, na ponta oeste da praia do Gonzaguinha, e eu fui designado, apenas por ser o mais velho da turma, para levar a notícia aos pais.

Da praia à barbearia, 10 ou 15 minutos. Lembro-me de caminhar refletindo sobre quais palavras deveria usar, como abordaria o simpático barbeiro de todos nós, qual seria a reação dele, o que poderia fazer para reduzir o impacto de perder um filho ainda menino. Não sei precisar quanto tempo levei, sei que a coragem cessou quando avistei a linha do trem: bastava atravessá-la e, do outro lado, atrás da banca de revistas que o pai do Sérgio também tocava, eu poderia ver a barbearia e o barbeiro. Estanquei, mudei o caminho e fui direto para a cantina que meu pai mantinha na estação do trem da Sorocabana.

A cantina ficava do lá de cá, não precisei cruzar a linha do trem nem lidar com a inexperiência de dar a notícia. Chamei meu pai e, ancorado na cerca de bananeiras selvagens que protegia a casa do chefe da estação, localizada atrás da cantina, entre soluços e palavras soltas, contei a tragédia. Meu pai me abraçou e chorou comigo. Vomitei o café da manhã e toda a água do oceano que engolira durante as tentativas de tirar Sérgio das pedras.

Não fomos ao velório nem ao enterro, nenhum de nós conseguiu acumular coragem para os rituais. Meus pais permitiram que ficássemos todos juntos na minha casa, aboletados no pátio amplo de arcos da frente, escondidos pela grande caramboleira que não deixava quem passasse na rua ver o que acontecia no pátio. Foi a primeira grande noite de insônia e de dor, entre as muitas que me espreitariam na vida adulta. Noite interminável de reflexão, que marcaria para sempre minha história e a qualidade das relações que construiria com as pessoas.

Havia antecedentes: Sérgio sempre falara em querer morrer, e algumas vezes efetivamente tentara. Tais tentativas fizeram com que, moleques sem noção, deixássemos de acreditar que ele queria mesmo. Talvez, comentávamos, fosse uma forma de buscar em nós o afeto que não tinha em casa, ou uma compensação por ser o pior jogador de futebol da turma. Queria aparecer, não chegaria ao ato em si.

Contribuía para esse nosso julgamento o fato de que ele era sempre o primeiro a socorrer qualquer um de nós que estivesse em perigo. Houve um dia que, ao pular da Ponte Pênsil, "esporte" que praticávamos porque era proibido e porque, na cabeceira da ponte que fica na ilha um posto policial nos "ameaçava", eu senti cãibras no meio da travessia. Decidi boiar, mas a correnteza começou a me levar para o mar aberto. Foi Sérgio o primeiro a perceber e a se lançar ao mar. Meu cão pastor, Piloto, um tipo de salva-vidas que ia sempre conosco, chegou antes dele e nos trouxe de volta ao raso da Prainha, onde os outros moleques nos esperavam para aplaudir, em meio às broncas dos moradores locais.

Nas reuniões típicas do começo da adolescência, entre exageros e mentiras, Sérgio insistia no desejo de suicídio. Nos poucos momentos em que a conversa ficava séria alguém perguntava a razão de tal pensamento ruim, e ele respondia que não era pensamento ruim, era só um jeito a mais de pensar ou de desejar. Mas por que alguém desejaria a morte? Ora, a morte sempre chega, desejando ou não, por que não poderíamos simplesmente controlar o processo? Qual é a estranheza em desejar algo que vai chegar inevitavelmente, e que pode chegar num momento que não desejamos ou não podemos morrer?

Por exemplo – argumentava – e se eu crescer, casar e tiver filhos, e esses filhos precisarem de mim para sobreviver, e a morte chegar e quiser me levar, como vou me sentir em relação às crianças que coloquei no mundo e vou abandonar? E se a morte viesse me buscar no dia em que você quase se afogou, quem iria te salvar? Qual é o problema em evitar problemas que eu nem sei quais serão, indo ao encontro de quem um dia inevitavelmente virá me buscar?

A conversa sempre terminava com uma piada vinda de alguém, que não era de jeito nenhum para desqualificar os argumentos ou o argumentador, mas para se livrar do incômodo de ter que pensar na vida e seus percalços, e em como Sérgio, mesmo que não quiséssemos, não deixava de ter certa razão.

Naquela longa noite de vigília em grupo no pátio escondido pela caramboleira, todas as reuniões e todas as conversas em torno do tema torturaram meus neurônios até a exaustão. No silêncio absurdo que se estabeleceu entre nós, eu remoia culpas e conseqüências, numa patética tentativa de esconder responsabilidades. Se tivéssemos levado mais a sério as premissas de Sérgio, com certeza teríamos argumentado coisas como a vida é bela, nós somos uma família, precisamos de você no time, quem vai nos salvar que tivermos cãibras, não dá pra ser feliz sem sua presença.

Ao invés disso, preferíamos lançar uma piada, que invariavelmente começava com a palavra 'cunhado', em referência à beleza e graça de Mariângela. Curiosamente, o único entre nós que não lhe causava aborrecimento ao ser chamado de cunhado era eu, mas não porque fosse o favorito dele, mas porque eu tinha três belas irmãs, podia ser cunhado de quase todos eles.

E então, na noite que nunca terminou, acontecimentos foram tatuados na minha memória e me perseguiram por toda a vida.

Nós íamos à praia todos os dias. No fim da tarde nos dia úteis, pela manhã nos dias inúteis, como costumávamos chamar os dias sem escola e sem trabalho. Que, do nosso ponto de vista, eram mais úteis do que qualquer outro. Um short e uma bola eram todas as nossas ferramentas de trabalho. Piloto ia sempre conosco, garboso e imponente como todo pastor alemão. Alguns diziam que ele era o mais inteligente e educado da turma, e que jogava futebol de melhor qualidade. Eu não tinha dúvida disso. Além do que, era também o melhor nadador, acompanhava-nos nas braçadas e, eventualmente, livrava-nos de problemas com as águas do mar.

Encontrávamos os moleques da Vila Sorocabana, e a praia era a única região de paz entre nós. Às vezes disputávamos uma partida "contra", pedaços de pau a guisa de traves, vira três acaba seis, depois voltávamos aos mergulhos deliciosos. Formávamos uma turma que poderia mesmo ser classificada de família, concentrada em duas pequenas ruas do Catiapoã, em eterna guerra de mamonas com a turma da Vila Sorocabana.

Mamonas são pequenos frutos redondos e cheios de espinhos moles que, lançados pelo estilingue, fazem estragos na pele de quem os recebe. A Escola Vidrobrás, que hoje se chama Auguste de Saint Hilaire, nome pomposo que jamais foi absorvido pela comunidade, ficava e ainda fica no extremo oeste da Vila Sorocabana. O Catiapoã, onde morávamos, fica no extremo leste. Tínhamos que atravessar a Vila para chegar à escola, então formávamos o bando para a perigosa travessia, pontilhada de chuva de mamonas saídas das casas rigorosamente iguais que compunham a pitoresca vila construída pela Sorocabana para seus funcionários.

Livros e cadernos, dizem os mestres, são as ferramentas mais importantes para uma passagem segura para o futuro. Com certeza esses mestres concluíram isso observando nossa passagem por entre as nuvens de mamonas: eram os livros e cadernos que serviam de escudo para que chegássemos vivos à sala de aula.

Talvez aquela fosse a única turma de toda a escola que nunca se esquecia de levar os livros e cadernos, mesmo que não chegassem em condições físicas ideais.

Em dias mais difíceis, contornávamos a Fábrica de Vidro pela Campos Sales, depois pela Frei Gaspar, num caminho simplesmente dez vezes maior. Curiosamente, Sérgio não ia conosco nesse caminho, preferia enfrentar os canhões e as balas do exército inimigo. Curiosamente também, nenhum tiro era desferido quando ele passava sozinho. Lembro-me de um dia comentar com meu pai, que era amigo dos dois exércitos, já que morava no Catiapoã, mas era proprietário da cantina, que era na verdade uma pequena mercearia que ficava encravada na estação do trem onde trabalhavam os moradores da Vila, e que faziam as compras num sistema de fiado que é quase um experimento psicológico.

Discorria sobre o fato de Sérgio não ser alvejado, mas parei para relembrar o sistema de fiado da cantina do meu pai: qualquer pessoa da família podia ir fazer compras lá, de balas a macarrão, de fumo de rolo a doces, de arroz e feijão a carne de sol, de café a cachaça. Cada família tinha uma caderneta onde era anotada a compra do dia. O diferente é que essa caderneta ficava em poder da família, não do meu pai: bastava uma pessoa chegar com a caderneta, levar a mercadoria e o total anotado. Quando a pessoa esquecia a caderneta, meu pai anotava num papel de maço de cigarros e pedia para copiar em casa. Não havia calotes ou tentativas de fraude e, segundo meu pai, se houvesse ele não saberia, porque o controle era de responsabilidade do freguês.

E era por isso, e por muitos mais atributos que tinha meu pai, que ele era a única pessoa da região a transitar confortavelmente entre todas as tribos, a ser recebido com cafezinho e afagos em todas as casas que decidisse visitar.

Pois foi quando comentei o fato de Sérgio ser o único a não ser recebido com tiros de estilingue ao passar sozinho, que meu pai, sorrindo maroto, me lembrou que ele era irmão da Mariângela. Uma irmã que, entre outras coisas, era um antídoto a agressões, vejam só. Nem mesmo eu, filho do seu Alejandro e detentor da marca de três irmãs bonitas, possuía tal imunidade parlamentar.

Naquela manhã de sábado decidimos passar mais tempo na praia. A turma da Vila Sorocabana não foi, ou foi para outra praia, eles eram mais ratos da praia do Itararé, nosso quintal era o Gonzaguinha. O sol machucava a pele, então ficamos mais tempo na água do que na areia. Desafiando o perigo, decidimos mergulhar no ponto mais problemático de toda a praia, ao lado das pedras que sustentam o monumento ao descobrimento. Um pequeno pau-brasil, encravado nas pedras e que milagrosamente não morre jamais era o nosso ponto de encontro, para aumentar a dificuldade de mergulhar por entre as pedras e escalá-las depois.

Sérgio mergulhou e demorou em voltar. Alguém comentou algo como ele de novo tentando aparecer, e nossa atenção se voltou mais uma vez para a paisagem deslumbrante da Baía de São Vicente e para as conversas maliciosas de adolescentes numa praia cheia de gente seminua. Um tempo depois, fomos tirados do transe pelos latidos nervosos de Piloto, nadando em torno do monte de pedras. Eu fui o primeiro a me lançar, depois os demais se juntaram a mim. Descobrimos Sérgio preso às pedras, na parte mais funda, virada para o largo. Não tivemos muito trabalho para resgatá-lo, mas já era muito tarde para trazê-lo de volta à vida. Bateu um enorme e eterno desespero, que me persegue até os dias atuais.

Enquanto cercávamos o corpo de Sérgio, sem saber exatamente o que fazer, Piloto deitou-se respeitosamente ao lado dele e começou a ganir. Os ganidos nos acordaram para a realidade, e então alguém, que não sei quem foi, disse que eu deveria deixá-los lá e ir dar a notícia ao barbeiro, porque eu era o mais velho de todos e essas tarefas cabem sempre ao mais velho.

Automaticamente, concordei. Chamei Piloto para ir comigo, mas ele nem se mexeu. Dez ou quinze minutos depois, chorava e vomitava nos braços do meu pai, e então a vida jamais voltou a ser a mesma de antes. Os minutos que se passaram entre o mergulho de Sérgio e os braços do meu pai fizeram de mim um adulto que jamais voltaria à adolescência e às traquinagens da praia. E modelaram quem eu seria pelo resto da vida.

São as lembranças que guardo de Sérgio, as conversas entre nós, suas palavras e seus desejos, suas angústias e desafios, sua determinação em encontrar alguém, ou algo, que iria ao seu encontro um dia qualquer, a ausência do medo da morte e do prazer pela vida, sua prontidão para salvar vidas, desde que não fosse a sua, seu encontro final com o destino que desejava, é a lembrança de tudo isso que me faz repensar todos os dias sobre o significado do suicídio, um verbo reflexivo, uma ação praticada e recebida pelo sujeito, mas que não se inicia nem finda no próprio ato.

Um suicídio é sempre um ato a dois. Ou, às vezes, um ato em grupo.

III – Antonia

Os portugueses antigos têm dois vocábulos para designar o que está por vir: se é algo que está marcado, mas pode ser modificado por ações ou palavras, diz-se destino; se é algo que está marcado e não pode ser modificado de modo algum, então é fado. A morte, por exemplo, é fado, todos estamos fadados a morrer um dia; o suicídio não, este é destino e, mesmo que estejamos destinados a nos suicidar, ainda assim podemos fugir da trama.

Antonia e Antonio são exemplos vivos: destinados um ao outro desde meninos, naquela aldeia escondida atrás dos montes, estavam fadados a se pertencer e a permanecer juntos até que a morte os separasse. Mas buscavam uma maneira de nem isso permitir e, acreditando na vida eterna, faziam planos para continuar juntos mesmo depois que suas almas desencarnassem.

Quando a guerra explodiu e ceifou milhões de vidas, eles tiveram medo. Tendo sobrevivido à grande catástrofe provocada pelos homens, eles tiveram fome. Ouviram falar de uma terra distante, onde se plantando tudo dava, longe dos horrores do troar dos canhões, então sonharam. Venderam as poucas terras e gado que tinham, juntaram os trapos e as duas meninas e partiram para o desconhecido, que não poderia ser tão ruim quanto o que estavam vivendo.

Duas semanas e meia trancados dentro de uma pequena cela que os marinheiros chamavam de camarote, um navio meio cargueiro, meio de passageiros, a água do oceano quase sempre cobrindo a escotilha, enjôos freqüentes, febres terçãs, mas ousaram chegar. Chegaram e se deslumbraram com a visão de uma terra tão bela, tão maravilhosa, que intuíram ter aportado no céu.

A imigração os recebeu e lhes deu acomodações miseráveis. Dias depois foram levados ao campo, onde teriam o pedaço de terra que haviam comprado e nenhuma estrutura. Não demorou, entretanto, para que o casal levantasse uma casa com a madeira abundante do local, plantasse uma horta, transformasse o nada em um pedacinho de tudo.

Era verdade o que diziam, ali era o paraíso.

As meninas cresceram lindas como açucenas. Foram para a escola, conheceram pessoas, logo aprenderam os costumes locais. Antonio conseguia fazer empreitadas pintando casas. Antonia lavava e passava a roupa de vizinhos. As meninas ajudavam nas tarefas domésticas. A vida fluía longe da guerra e das dores que ela causava.

Tempos depois a menina mais nova casou-se com um policial da cidade. Quando foi promovido a sargento, ele foi transferido para o litoral, e eles ficaram sem uma das meninas. A menina mais velha, frágil como papel na chuva, carregava males que a medicina não decifrava. Muito jovem foi levada para o além, e eles ficaram sozinhos.

A menina mais nova convenceu-os a se mudarem para o litoral: ficariam mais perto dela, que agora estava grávida, e teriam uma vida mais confortável. Eles já tinham acumulado uma poupança, o suficiente para comprar uma casa modesta e, atraídos pela necessidade de ficarem junto à filha para cuidar dos futuros netos, partiram novamente para o desconhecido, mas agora com a certeza de um porto seguro a esperá-los.

A vida até que melhorou: Antonio conseguia trabalho com facilidade, a pequena casa que compraram era confortável, Antonia já não precisava lavar a roupa dos outros, o bebê nasceu e preencheu parte do vazio que a morte da menina mais velha havia deixado.

Com a ajuda do genro policial e da simpaticíssima consulesa portuguesa, o casal conseguiu uma aposentadoria do governo luso, e a vida finalmente apresentou-se para que eles pudessem usufruí-la. Passaram a caminhar todas as manhãs e fins de tarde na areia da praia, descalços, felizes como crianças. Nos fins de semana a neta os acompanhava, mas já estava moça e eles sentiam que o desejo dela seria estar em outros lugares, com outras pessoas mais jovens do que eles, de modo que começaram a permanecer em casa nesses dias para que ela pudesse se desobrigar. Não deixavam de visitá-la sempre que podiam, e eram comuns as refeições em família pelo menos uma vez por mês.

O poder público decidiu passar uma estrada intermunicipal justamente pelo local onde moravam e sua casa estava no caminho. Negociações feitas, eles receberam a indenização e, sob influência ou pressão da filha, aceitaram comprar um pequeno apartamento no nono andar de um prédio a poucas quadras da praia. Havia vantagens na segurança, o trabalho seria menor sem o quintal eternamente sujo, ficariam mais perto da praia e não precisariam pegar condução todos os dias, o hospital municipal ficava ali pertinho, para emergências, a própria filha morava a poucas quadras e – bênção final – da janela do quarto avistava-se uma fatia do mar surgindo por entre os vãos dos inúmeros edifícios entre a janela deles e o oceano.

De modo que rapidamente se acostumaram a ficar debruçados na janela com os olhos fixados no imenso azul das águas que desabavam no horizonte e que, lá longe, mas muito longe, escondiam as terras de onde outrora tinham fugido, mas que continuavam sendo seus amores, a despeito dos sacrifícios que viveram por lá. Por mais que amassem esta nação que os acolheu, nunca a saudade deixou de apertar.

Foi justamente nessa época feliz, enevoada apenas pela lembrança constante da filha morta, mas povoada de coisas novas e boas, quando a neta já preparava o casamento com um jovem médico, ela mesma cursando medicina, o genro já era oficial da polícia, e filha dava aulas numa escola local e o apartamento parecia ter sido feito para os dois, só esperando que um dia chegassem, foi nessa época, dizia, que o câncer apareceu. Primeiro na próstata, como sugeriam os sangramentos que Antonio escondeu por muito tempo, mais por vergonha do que por prudência, depois nos pulmões, que era muito evidente para esconder. O estado adiantado da doença não deixou muitas alternativas, além das eternas quimioterapias, que lhe causavam mais incômodos até do que o próprio câncer e suas dores.

Foi um período de muita dor e muita resistência por parte de todos. A neta diminuiu o tempo da viagem de lua de mel e começou a freqüentar assiduamente o apartamento; o neto recém adquirido participava ativamente do tratamento; a filha pediu afastamento da escola para cuidar melhor dos pais. Antonio definhava e, com ele, Antonia também. Nos momentos de maior angústia e de dores insuportáveis, ele pensava na filha mais velha e desejava estar com ela, mas rapidamente repreendia-se e culpava-se pelo egoísmo.

Quando finalmente ele foi internado em estado grave, Antonia ia todos os dias à Igreja Matriz, duas quadras distante do apartamento e quatro do hospital. Pedia com denodo que Deus levasse Antonio, depois pedia perdão pelo pedido e exigia que Ele o mantivesse vivo. Todos os dias, duas vezes por dia, ela repetia o ritual de morte e de vida, de revolta e de resignação. Talvez compadecido com o sofrimento daquele casal, Deus tomou a decisão sábia de levar Antonio.

Foi uma época em que o mar aquietou e não houve episódios de ressacas gigantes. Como se Itaíra tivesse se compadecido de Antonia e preservasse a igreja Matriz para suas lamentações.

Jamais alguém havia visto tanta dignidade numa pessoa, como a daquela senhora durante o velório do homem amado: a noite toda, sem o descanso de um segundo qualquer, ela ficou sentada à cabeceira do caixão, as lágrimas rolando pelas faces, mas nenhum soluço, nenhuma queixa, nenhum gesto de desespero, apenas a água que lhe molhava as faces e o vestido denunciando o tamanho da perda que enfrentava. Nenhuma catástrofe se assemelha à dor da perda do companheiro, nem a perda da filha lhe causara tão grande buraco sob os pés.

Aquele corpo inerte do homem dentro do caixão já não tinha alma. Aquele corpo da mulher sentada à sua cabeceira também não.

Após o enterro, ela fez questão de voltar sozinha para o apartamento: queria arrumar as coisas, roupas, calçados, deixar tudo como ele gostaria que fosse, e queria fazer tudo sozinha, como sempre fora durante todas aquelas décadas juntos. Precisava ficar ali, no último ninho de amor construído, agradecia muito a preocupação, mas precisava estar sozinha naquele momento. Tanta firmeza comoveu as pessoas e as resistências cessaram.

Antes de entrar no elevador, acariciou a barriga já enorme da neta, onde se agitava a futura bisneta que se chamaria Antonia por desejo de todos. Sorriu e sumiu atrás das portas corrediças, liberando aquelas pessoas queridas para seguir com a vida. Agradeceu pela família maravilhosa que tinha: como seria impossível superar mais esse trauma sem a presença daqueles jovens que a cercavam de tanto cuidado e carinho!

Antonia não arrumou nada, deixou tudo como sempre esteve. Deixou-se cair no sofá, ligou a televisão e assistiu aos programas que costumavam assistir juntos, o braço dele ancorado de leve sobre o ombro dela. No começo da noite, foi para a janela do quarto, como de costume, olhar o entardecer no horizonte do mar. Quase dava para divisar as terras d'além mar, onde conviveu com Antonio desde menina, naquela aldeia perdida atrás dos montes, e de onde haviam partido, a família já feita, mas ainda por criar, para a aventura no desconhecido.

A noite invadiu o quarto e só as luzes do calçadão da praia ainda permitiam ver o mar. Ela não arredou pé, ficou ali, olhos fixos no horizonte, em busca de lembranças que a ajudassem a continuar viva. Lembranças que chegavam aos borbotões, a infância, o encontro do amor, as meninas, a fome, o navio, tanto trabalho, tanta felicidade e tanta dor! Porque, ela sabia instintivamente, quando a perda se faz, quanto maior for a felicidade maior será a dor!

Já era madrugada e o cansaço se fazia presente quando ela viu o homem amado chegando por entre as frestas dos edifícios, aquelas mesmas frestas que deixavam passar a visão e o frescor do mar. Vinha voando, mesmo sem asas.Sorrindo para ela, o mesmo sorriso que sempre a encantara. Não se assustou, sempre soube que havia vida após a morte, e que almas não precisam de asas para voar. Aquietou o coração e esperou. Ele se aproximou e lhe estendeu a mão. Ela segurou firme naquela mão rude e carinhosa, que sempre a protegera de todos os males e que lhe dera tantos prazeres, e partiu com ele, sem sequer tomar o cuidado de fechar a janela depois de sair.

Pela manhã o proprietário da padaria que ficava no térreo do edifício foi estacionar o carro e descobriu o corpo inerte no chão, o rosto ensangüentado emoldurado pelo mais belo sorriso que ele jamais vira por toda a vida.

IV–Lincon

Vera Lúcia morreu num pavoroso acidente na pista descendente da Via Anchieta, quando o ônibus onde estava passou direto na curva do Onça e despencou no vão livre, só parando uns cem metros abaixo. Não houve sobreviventes, e não houve enterro: a equipe de resgate só encontrou pedaços de corpos, em grande parte espalhados pela selva fechada da Serra do Mar.

O IML levou acho que algumas semanas para conseguir o reconhecimento dos corpos e entregar cada um à sua família. Ela tinha uns 15 anos, calculo porque estava cursando a nona série. Era alegre e muito querida. Inteligente, ajudava os menos abastados de neurônios bons, tanto ensinando graciosamente o que sabia, quanto passando cola nos momentos mais críticos.

Ela queria ser boxeadora, embora tivesse mais corpo de bailarina clássica. Superando os preconceitos, treinava no Clube Beira Mar, onde um parente de Eder Jofre ensinava boxe aos jovens de então. Sonhava em rodar o mundo lutando, ganhando medalhas e muito dinheiro para melhorar a situação dos pais, moradores de uma das regiões mais pobres da cidade, no dique do Sambaiatuba.

Houve luto e comoção na escola, mas nada que se comparasse ao suicido de Sérgio.

Lincon morreu quando amarrou uma pedra no pescoço e se jogou da Ponte dos Barreiros. Foi uns dias depois de alguns meninos curiosos terem dado o flagrante no banheiro da escola, quando ele se masturbava. Generoso com os meninos e cruel com a mãe, Lincon deixou uma longa carta explicando o radicalismo do gesto e culpando a genitora.

Ele queria ser cantor, imitava Elvis Presley e não cantava nada mal, na minha avaliação. Fazia o curso de telegrafista comigo, na estação da Sorocabana, e era mais esperto para a coisa do que eu. Não era um aluno nota dez, só tirava as notas necessárias para não repetir. Calado, praticamente não falava com ninguém, nem na escola, nem no curso.

Seu pai tinha sido ferroviário, e morrera durante uma manobra de engate de vagões, quando caiu e foi degolado pelas rodas de ferro. Não conheci seu pai nem sua mãe, sabia da história por ouvir contar. Talvez ele tenha dado o azar de ter como colega de curso de telegrafista alguém como eu, que também não gostava de falar e preferia focar na combinação de duas teclas que podiam mandar mensagens extensas para o outro lado do mundo num piscar de olhos.

O suicídio de Lincon parou a escola, o bairro e a estação. Durante três dias não teve aula, e o seu Silva, chefe da estação, mandou parar todos os trens durante um minuto, pedindo silêncio a todos e todas. Nesse minuto meu pai não servia ninguém, bilhetes não eram vendidos, a roleta não era liberada e o trem não se mexia. Devia ter 15 ou 16 anos, como eu, porque estava na minha classe e estudava telegrafia comigo.

Zé Carlos morreu vítima de um câncer muito agressivo. De sobrenome Brito, nós o apelidamos de Zécabrito. Sempre digo nós, embora quase sempre partisse de mim a maior parte dos apelidos. Sabe como é, bando é bando, o que um faz os demais assumem.

Zeca levava na esportiva o apelido, e até assumiu uns pulinhos de cabrito ao comemorar um gol. Era bom de bola e chegaria a algum clube importante se o câncer não o tivesse traído. Enquanto nós ainda nos engalfinhávamos no campinho em frente ao bar do Maneco, Zeca já era titular do Atlântico, clube de futebol de areia que era uma espécie de ponte entre o amadorismo e os times profissionais de Santos.

Quando eu consegui uma vaga na lateral esquerda do Atlântico, só joguei por alguns finais de semana: num piscar de olhos, um sujeito muito magro e de olhos fundos, quase na nuca, marcou um teste pra mim na Ferroviária, sonho de dez entre dez jovens que desejavam se profissionalizar. Felizmente, só joguei duas temporadas na Ferroviária, parte delas na reserva de Ciciá, um pretinho mágico que foi desfilar seu talento do Corinthians: meu pai me convenceu que eu não era craque, apenas um moleque rápido e inteligente, e que seria melhor eu pensar em estudar. Daí que trabalhar e estudar não deixava tempo para o futebol, e a Ferroviária teve que buscar outro lateral.

Que seria Zeca, se o câncer não o tivesse traído.

Ele era mais novo do que eu, tinha talvez 15 ou 16 quando fechou os olhos e se libertou da dor. Dor que eu algumas vezes assisti, a morte demorando em chegar e levar aquele corpo exausto que se debatia em busca de ar.Conheci sua mãe, uma jovem mulher que não tinha mais filhos, não tinha mais ninguém. De certa forma, apegou-se a mim, o único amigo de Zeca que o visitava regularmente durante o suplício e que continuava chamando-o de Zécabrito. Os demais, provavelmente por respeito a um moribundo, voltaram a chamá-lo de José Carlos.

Zeca morava na Vila Sorocabana, acho que na rua 10, mas, apesar das minhas constantes visitas, que eram pacificamente admitidas pelos guerrilheiros de lá, não fiquei imune aos tiros de bodoque durantes as passagens para a escola. Uma coisa era uma visita de um inimigo a um dos soldados doentes, que deveria ser vista como armistício temporário, outra coisa era a guerra estabelecida, que deveria prosseguir até a vitória final.

Quando Zeca morreu algumas homenagens surgiram: não houve torneio de praia naquele fim de semana, a escola suspendeu as aulas no dia do enterro, a Vila Sorocabana entristeceu e a guerra de mamonas ficou suspensa durante alguns dias. Mas não houve comoção igual à das mortes de Ségio e Lincon.

Esses acontecimentos ficaram concentrados em dois ou três anos da minha vida adolescente, e todos ficaram marcados na minha mente. Nesse mesmo espaço curto de tempo, morreu meu tio favorito, o tio Manolo, e minha avó Lola, ambos na mesma semana e pelo mesmo motivo – câncer – na mesma Santa Casa de Santos. Meses depois da morte deles, morreu Piloto, provavelmente envenenado por engano. Como aconteceu com a maioria, também os suicídios marcaram mais do que as mortes. Mas, diferentemente da maioria, eu me perguntei o porquê desse sentimento, e formulei uma questão que estava disposto a responder em algum momento da vida: por que a morte de alguém que a deseja causa comoção maior do que a morte de alguém que não a deseja?

Por que a morte de Sérgio marcou mais do que a de Vera Lúcia? A de Lincon, mais do que a de Zécabrito? O que nos leva a lamentar com maior vigor um suicídio?

Cinqüenta anos depois, trinta deles dedicados à psicologia, tendo convivido com a morte de tantos amigos amados, com o suicídio de alguns deles e com inúmeras tentativas, navego nas águas do passado revivendo histórias e revolvendo fantasmas em busca da resposta à longeva indagação. Talvez o revolver das memórias possa trazer uma luz, e talvez essa luz me devolva a paz necessária à pacificação com a própria história e com todos esses personagens que dividiram comigo algum tempo de vida, como maior ou menor intensidade.

V – Nivaldo

- Acho que fui a primeira a perceber que o professor estava diferente, mais calado, buscando ficar sozinho o tempo todo, relaxado com a aparência e a matéria. Não falei pra ninguém, porque passou pela minha cabeça que era só comigo. Foi na época em que me apaixonei por ele, e tinha medo de que ele tivesse percebido e estivesse me evitando, então me convenci de que era só minha imaginação. Sofria mais por mim e pela minha paixão secreta do que pelos comportamentos arredios dele.

Lorena parou, fincou seus olhos nos meus por um átimo de segundo e voltou a olhar para o chão, perdida. Instintivamente, Lívia apertou a mão dela, como se quisesse conduzi-la para fora do labirinto.

A professora Sonia foi ao seu socorro e prosseguiu:

- O professor Nivaldo era um homem bom. Jovem e solitário, mas bastante maduro. Chegou à cidade no ano passado e assumiu as aulas de Filosofia. É uma cidade pequena, como o senhor já pode perceber, mas não é como essas cidades pequenas, onde todos se conhecem e são quase parentes. Talvez porque não tenhamos cursos superiores, quase todos os professores, médicos, dentistas, advogados vêm de fora, estabelecem-se por um tempo e vão embora. Não criam raízes.

- Quando o antigo professor aposentou-se, Nivaldo assumiu seu lugar, vindo da capital. A nossa escola é estadual, é comum que professores jovens, em início de carreira, escolham ficar aqui por um tempo, é mais fácil do que em cidades grandes, não há competitividade entre nós nesta escola. Ele chegou e já conquistou as turmas do Nível Médio.

O professor tinha carisma e tempo disponível, formou grupos de estudo e era comum ele ficar na escola fora do seu horário de trabalho para ajudar os jovens até em matérias que não eram da sua obrigação.

Lorena, aparentando ter se recomposto, murmurou, sem levantar o olhar:

- Era muito doce e muito bom, não sei se vai dar pra continuar sem ele.

Sonia esperou que ela respirasse e absorvesse as próprias palavras e prosseguiu:

- Nivaldo não tinha vida social fora da escola, mas não nos chocava, porque a vida social daqui resume-se a encontrar amigos ou família em casa ou em algum bar, cujo dono também é amigo ou familiar. Não temos cinema, teatro, estádio de futebol. Temos um teatro, na verdade, lá no centro, mas não tem espetáculos, acho que por falta de boa vontade do poder público.

- No ano passado, logo que chegou, ele morou alguns meses na pensão da Cidinha, depois alugou aquela casa branca, que dá pra ver daqui, no outro lado da rua. Mas nunca convidou ninguém para um café, ia de casa para a escola e vice-versa. Não era visto em bares, saía apenas para fazer compras no mercado. Indicava ter cuidados próprios: embora cultivasse cabelos e barba, e usasse sempre o mesmo tipo e cor de camisa e calça, seus tênis eram limpos e seu avental, branco como o de ninguém. Nós costumávamos brincar com ele, dizendo que seu avental era de médico, não de professor.

Breno, sentado ao meu lado e acompanhando tudo com atenção, comentou que a turma do terceiro ano o apelidara de Branco de Neve por causa do avental, mas o professor não sabia, pelos menos eles achavam que não sabia. Acrescentou que ele se sentia mal pelo apelido, porque era um bom professor, sempre disponível para ajudá-los.

- Eu acho que apelido não pode dar pra pessoas queridas.

Acalmei Breno: não, apelidos também são para pessoas queridas. Mães apelidam filhos, irmãos apelidam irmãos, amigos apelidam amigos. Disse-lhe que tenho uma teoria: ninguém cresce saudável e feliz se não teve um apelido quando criança ou não quebrou um braço durante o período escolar. O apelido faz a gente ser inesquecível para a turma, ninguém lembra o nome dos colegas do terceiro ano, mas lembra de todos os apelidos. E um braço engessado transforma a gente em centro das atenções por um período, aparece gente para ajudar que a gente nem sabia que era amigo.

Sonia retomou:

- Neste ano, no começo das aulas, Nivaldo voltou diferente. Passou parte das férias fora da cidade e voltou na véspera do início letivo. Faltou inclusive na reunião de planejamento, mas trouxe a parte dele pronta. Com o tempo, a mudança passou a ser percebida no avental, agora nem sempre branco como a neve. Chegamos a comentar entre nós, mas alguém falou que ele finalmente compreendera o espírito de corpo e tentava se adequar. Como ele sempre fora solitário e calado, e o único sinal visível de mudança era o avental, acreditamos que a mudança era positiva.

Lorena interrompeu:

- Mas não era só o avental, ele estava mais triste e mais calado. Já não ficava tanto tempo conosco, teve um dia que a gente foi pedir ajuda num trabalho de história, ele marcou e não apareceu. Nem tocou no assunto no dia seguinte. Comentei com o pessoal do grupo, mas alguém falou que ele tinha direito à vida dele, e que talvez estivesse cansado de ficar fora do horário. Eu continuava acreditando em segredo que era por minha causa, talvez ele tivesse percebido que eu estava apaixonada e tivesse optado por me evitar. Senti culpa por prejudicar o grupo, cheguei a falar em sair, mas ninguém entendeu nada. Como eu ia falar pra turma o que se passava dentro de mim? Iam rir de mim, uma magrela sem graça e sem peito achando que podia ter chance com o professor doce.

Falou e voltou ao estado de tristeza, de olhar fixo no chão da sala. Sonia prosseguiu:

- Numa quinta-feira ele não foi dar aula para a turma da noite. Saiu no fim da tarde e não voltou. Todos ficamos preocupados, não era do feitio dele tal comportamento. Sem contar que, morando em frente à escola, não seria difícil para ele avisar. A diretora assumiu as aulas dele e, no intervalo, foi bater na sua porta. Era a primeira vez que alguém chegava à porta da casa dele, e ela foi com a certeza de que ele não abriria. Mas ele abriu e pediu para que ela entrasse. Conversaram por muito tempo, porque ela não voltou para a escola, foi de lá direto pra casa.

- No dia seguinte ele também não apareceu pela manhã. A diretora convocou os professores para uma reunião emergencial no sábado pela manhã, sem a presença nem o conhecimento do professor Nivaldo. Assunto: professor Nivaldo. Foi um dia tenso, mesmo depois que ele chegou para as aulas da noite. Como se nada tivesse acontecido, ele não mudara seu jeito de ser: calado, solitário, o avental novamente imaculadamente branco, deu aulas como sempre e não fez qualquer comentário sobre as ausências.

Luca, do segundo ano, aparentemente absorto nos próprios pensamentos, pareceu despertar:

- Nós perguntamos pra ele porque tinha faltado se precisava que a gente fizesse alguma coisa, se precisava de ajuda. Ele respondeu que estava tudo bem, mas a gente sentiu que não estava. Mas, como ele disse que não precisava de ajuda, a gente não insistiu, gente insistente é chata.

Paramos por um momento a entrevista porque a merendeira chegou com café quentinho e muitos biscoitos. O ambiente relaxou o suficiente para que três adolescentes se aproximassem de mim e pedissem para falar em particular. Embora pareça estranha uma conversa particular entre quatro pessoas, pedi licença para sair e fomos conversar no pátio. Em resumo, disseram-me que precisavam de ajuda porque eram muito tímidos e o episódio do professor havia alertado para o fato de que timidez leva à solidão, e solidão pode levar a conseqüências trágicas. Prometi falar com eles depois da reunião e voltamos à sala.

A diretora estava lá nos esperando para contar sua parte.

- Fui à casa de Nivaldo naquele dia porque ele não atendia minhas ligações. Fiquei preocupada demais, ele poderia ter tido algum mal súbito e não conseguir se comunicar. Confesso que pensei o pior, então tomei coragem para invadir a privacidade que ele tanto cultivava. Fiquei surpresa quando ele abriu a porta e gentilmente me convidou para entrar. Estava abatido e nervoso, mas mesmo assim passou um café e ainda perguntou se queria açúcar ou adoçante. Sentados em volta da pequena mesa da cozinha, esvaziamos a garrafa térmica de café e conversamos tempo suficiente para que eu, leiga no assunto, percebesse que ele estava depressivo, muito depressivo.

- Em certo momento, perguntei se tinha a ver com a cidade pequena, a escola, nosso jeito de lidar com ele e com os alunos, se ele achava que devíamos mudar alguma coisa que pudesse se enquadrar mais com seu jeito de ser, mas ele refutou todas as hipóteses: era ele, somente ele e sua história, muito pelo contrário, a escola e as pessoas que conviviam nela tinham ajudado a superar algumas tristezas. Estaria feliz, disse-me, se conseguisse sair de si mesmo, arrancar do peito as dores que trouxera na mala quando se mudara para a nossa cidade.

- Alguma circunstância que não sei ainda dizer qual foi construiu uma conexão entre nós, uma espécie de afeto fraterno. Vi nele o irmão mais novo que nunca tivera, e acho que ele sentiu o mesmo por mim. Em lugar de buscar uma forma, uma palavra, um gesto que pudesse romper suas barreiras para que ele abrisse seu peito pra mim, aconteceu justamente o inverso, e passei a contar para ele todas as angústias e frustrações que moraram dentro de mim por muito tempo, justamente na época em que cheguei aqui, como ele, para dar aula nesta escola. E como a convivência com os jovens tão frustrados e angustiados quanto eu funcionara como terapia regeneradora: que direito tinha eu de me sentir frustrada, se escolhera de livre vontade mudar para cá, enquanto todos aqueles jovens eram praticamente obrigados a viver aqui, ansiando pelo dia em que poderiam voar e ultrapassar as montanhas que os separavam da vida na cidade grande?

- Foi durante minha catarse, em meio às recordações sofridas e já superadas, que ele deixou sair a frase que me assustou e, ao mesmo tempo, me fez partir para a ação: como se não quisesse dizer, mas dizendo, numa espécie de pedido ou confissão, ele soltou um "todos os dia eu penso que a melhor saída é o suicídio". Sem saber o que falar ou como falar, eu apenas lhe disse que falaria com os professores sobre nossa conversa, em busca de uma solução compartilhada. Ele concordou, só pediu para não estar presente.

- Na manhã seguinte convoquei a reunião, disse que era a mais importante de todas, que não poderia pagar as horas extras, mas pedi para que se esforçassem. Não faltou ninguém. Diante da emergência do caso, surgiram diversas propostas, a maioria delas invasivas demais para serem executadas. Ponderamos que, embora nossa obrigação como colegas de trabalho e como cidadãos fosse ajudar o professor Nivaldo, não podíamos invadir a privacidade dele nem agir como guardiões perenes, precisávamos encontrar o meio termo que o deixasse à vontade para procurar ajuda sempre que precisasse. Como a professora que tinha mais acesso a ele, por afinidade espontânea, era a professora Sonia, ela ficou encarregada de fazer a ponte entre ele e o corpo docente. Você quer continuar, Sonia?

Sonia aquiesceu com a cabeça e retomou o fio:

- Conversei com ele na segunda-feira pela manhã. Parecia melhor, o avental novamente muito limpo. Agradeceu a preocupação, disse-me que se arrependia de ter deixado escapar a frase que gerou tudo isso, que estava realmente num redemoinho que ou não tinha saída ou ele não conseguia encontrar. Não negou os pensamentos suicidas, mas argumentou que é assim com todas as pessoas que estão mal. Quantas e quantas vezes, ele perguntou, você lidou com jovens alunos que falam em suicídio e não se suicidam? Retruquei: adolescentes são imaturos e inseguros, qualquer decepção é multiplicada por cem. Ele não era adolescente nem imaturo, é diferente um pensamento desses num adolescente e num professor. Mesmo acalmando a alma um pouquinho com as palavras dele, a racionalização que usava deixou-me angustiada, não podia simplesmente aceitar a palavra dele como definitiva, já que me propusera a ações mais concretas em busca de solução.

- Após um período de algumas semanas em que tudo parecia ter voltado ao normal, com Nivaldo dedicando seu tempo extra novamente aos alunos e cuidando do avental como antes, um feriado longo mudou o curso do rio. Nivaldo passou os dias de folga na capital e, quando voltou, estava diferente, como se a depressão onde se encontrava tivesse cavado um pouco mais fundo. Na segunda-feira após o feriadão e depois das aulas noturnas, ele foi pra casa e fez a primeira tentativa, em forma de overdose de medicamentos controlados. Felizmente a diretora a essa altura tinha acesso à casa dele e chegou a tempo de socorrê-lo.

A diretora interrompeu para explicar:

- Tínhamos feito um combinado de que ele atenderia meus telefonemas, e que me ligaria sempre que precisasse conversar. Ele concordou e colaborava. Em consideração à amizade que havia se consolidado, ele deixou cópia da chave da porta de entrada comigo. Estabelecemos um código: se eu ligasse três vezes em uma hora e ele não atendesse, eu iria à casa dele. Se ele não atendesse às batidas na porta, eu poderia abrir e entrar. Foi o que fiz. Chamei a emergência, e os médicos conseguiram fazer a lavagem estomacal que o salvou. Foi graças a esse episódio que fiquei sabendo que ele ia à cidade para se consultar com um psiquiatra, que introduzira medicamentos na sua rotina. Desculpe, Sonia, pode prosseguir.

Sonia retomou:

- Fui com a diretora visitá-lo na casa dele, assim que voltou do atendimento de emergência. Propus-me a cuidar dele, mas ele recusou, disse que estava em condições de fazer as coisas e até de voltar para a sala de aula. Ficou combinado que ficaria dois dias afastado para se recuperar totalmente. O problema foi que a síndrome da cidade pequena abateu-se sobre ele e sobre a escola: o episódio espalhou-se, com foco no posto de saúde, e chegou aos ouvidos dos alunos e suas famílias. Durante alguns dias a escola foi inundada por versões e por famílias pedindo reuniões, algumas oferecendo ajuda, outras, mais cruéis, exigindo o afastamento do professor que era um "exemplo ruim". Nova reunião emergencial teve que ser marcada, agora com a presença do professor Nivaldo, a pedido dele. Ele mesmo propôs a solução de conversar com pais e alunos sobre a situação. Embora reticentes, os professores acabaram concordando que talvez a solução por ele proposta fosse a melhor, porque inclusive mostraria que ele estava apto a lidar com a situação. E assim foi feito, e assim começou o projeto que batizamos de Viver é Legal, que foi desenhado e colocado em prática pelos professores e por estes jovens que estão aqui hoje para falar com o senhor.

A diretora pediu para que Breno, aparentemente o líder da turma, explicasse o projeto.

- Quando a gente soube do acidente, já na primeira conversa se propôs a colaborar, encontrar um jeito de ajudar o professor que sempre ajudou a gente. Fizemos uma reunião numa mesa do pátio e decidimos chamar o acontecimento de acidente, porque assim gostaríamos que fosse. Um cara bom, companheiro, gentil, sempre disposto pra gente, não podia pensar em se matar, a gente achou que ele só tinha errado na dose. Aí tomamos algumas decisões: formar um grupo que estivesse disposto a dedicar um tempo extra para conversar sobre esse negócio de suicídio. Se a escola permitisse, até trazer gente especialista nisso pra ajudar a gente; parar pra sempre de chamar o professor de Branco de Neve; procurar o professor e falar que a gente gostava dele e estava disposto a pagar tudo o que ele fazia pela gente, era só ele pedir e dizer o que a gente podia fazer.

- Foi nessa reunião que a Lorena chorou muito e contou pra gente o que contou para o senhor no começo do papo de hoje. A gente já tinha se tocado disso, só não falou nada porque a gente gosta muito dos dois, do professor e da Lorena. A gente não queria magoar nenhum dos dois. Quer saber? No fundo, a gente até torcia para que o negócio rolasse entre eles, eram tipo queijo e goiabada, um feito pro outro. Mas o professor não tinha olhos pra ninguém, parecia que as pupilas dele eram ao contrário, voltadas pra dentro, olhando só pro cérebro dele mesmo. A gente, quer dizer, a gente eu não sei, porque a gente nunca conversou sobre isso, mas eu concordo com o pensamento da Lorena, de que ela achava que o professor podia ter se ligado na paixão dela e se afastado. Não sei se foi isso, até acho que não foi, mas ela tinha razão para pensar assim. Eu só não concordo com uma fala dela: ela não é uma magrela sem peito e sem graça, ela é bonita, muito gata. Só acho que o professor não chegou nela porque era muito respeitoso, tinha muita moral.

- Então a gente fez o grupo e pediu pra conversar com o professor. Ele concordou, e foi uma conversa muito cabeça, serviu inclusive pra gente conhecer a pessoa que ele era, além do papel de professor. Ele convenceu todos de que estava bem, concordou com a nossa ideia de que fora um acidente. Quer dizer, convenceu quase todos, a Lorena disse na reunião, na frente dele, que não estava satisfeita, que continuava preocupada. Com medo, foi a palavra que ela usou, com muito medo. Falou que gostava dele, que todos gostavam dele e o mínimo que podiam fazer era se preocupar com ele como ele se preocupava conosco. Lorena é uma fofa, ela não fala com a gente, ela fala conosco. A gente fala com a gente, parece mais fácil, a gente não lê igual Lorena lê, mas ela está certa, nós estamos errados, ler é o que faz a gente ser alguém no futuro. O professor incutia na gente essa ideia de ler muito pra ser alguém.

- Um negócio ficou martelando minha cabeça depois daquela reunião, e eu falei com os colegas do grupo sobre isso: o professor disse que ele tivera sérios problemas antes de decidir vir pra cá, e que justamente saíra da capital em busca de sossego da cidade pequena. Mas que se apaixonara pela escola e pelos alunos, e não pensava mais em sair. Falou que queria morrer aqui, mas eu interrompi e falei que o projeto não era morrer aqui, que era viver aqui, porque viver é legal. Foi disso que surgiu o nome do projeto. Mas o que me deixou grilado foi que ele falou: se um dia vocês tiverem um problema que os deixe muito tristes, um problema que parece não ter solução, procurem um amigo, alguém da família, um professor, um psicólogo e exponham o problema. Tentem não depender de remédios, porque remédio não é solução. Meus problemas ficaram maiores depois que eu comecei a tomar remédios, e os pensamentos ruins aumentaram, ficaram mais freqüentes. Aí a gente queria aproveitar que o senhor está aqui e perguntar o que não deu tempo de perguntar pra ele: por que ele falou aquilo? Remédio não é pra curar? Depois o senhor podia explicar?

Concordei em falar sobre isso, mas pedi licença para tocar no assunto durante a palestra que daria para toda a escola no dia seguinte ou até, se necessário, prosseguir com a conversa depois da palestra. Breno concordou e até ousou uma brincadeira: a gente promete não tomar remédio até lá, pode ficar tranqüilo.

- Então a gente criou o projeto Viver é Legal, onde poderiam participar todos os alunos que estivessem dispostos a colaborar, e que seria coordenado pelo professor Nivaldo. A gente ia fazer cartazes, promover palestras, fazer pesquisas, agitar a escola em torno de negócio de suicídio. A ideia era que se a gente divulgasse mais, as pessoas iam se ligar que isso existe, e que existem maneiras de evitar, a melhor delas essa que a gente estava praticando, a de conversar, ajudar, proteger uns aos outros. Deu a impressão de que ficamos tão íntimos, que o professor, para nos acalmar, combinou que ia mandar uma mensagem para o telefone da diretora de hora em hora, quando não estivesse na escola. A diretora topou, e funcionou. Mas não resolveu. Acho que a diretora deveria contar porque não resolveu, porque eu sei que não resolveu, mas ainda não consegui entender o que aconteceu.

A diretora tomou a palavra:

- Parece que quando uma pessoa toma uma decisão, ela encontra maneiras de executá-la, não importa o que façamos para impedir. Li num livro de psicologia que quando alguém decide se suicidar, você pode amarrar o sujeito e ficar o tempo todo com ele, que ele para de respirar e morre. Foi mais ou menos o que aconteceu: naquele domingo, as mensagens chegaram como combinado, e eu fiquei despreocupada, curtindo a família. Sabe como são os domingos de professor, passam mais depressa do que cometa caindo. Foi um dia divertido com direito a churrasco e até uma ou duas cervejas. Quando já estávamos deitados, meu marido perguntou por que as mensagens não tinham cessado, o professor já deveria estar dormindo, no dia seguinte o trabalho começava bem cedo. Liguei, mas ele não atendeu. Quando estava me convencendo de que ele tinha adormecido, chegou outra mensagem. Meu marido e eu saímos no meio da noite, devia já passar das dez, e fomos até a casa dele. Bati e ele não atendeu, então usei a chave e entramos. A cena que presenciei quase me desfaleceu, meu marido teve que me segurar e me sentar no sofá: no meio da sala, o professor Nivaldo pendia morto, enforcado numa corda presa ao caibro do forro. Na mesinha de centro, o celular, já quase sem bateria, emitiu mais uma mensagem: ele havia programado o celular para enviar uma mensagem de "estou bem, obrigado" a cada hora, como combinado.

- Levei muito tempo para assimilar o choque, acho que ainda não assimilei. A comunidade escolar toda ficou em estado de catatonia. Os três dias de luto sem aula não foram suficientes para superar o trauma. Todos os dias eu abria a escola e acolhia alunos que, mesmo sem a aula, queriam vir para cá. Os professores fizeram plantão para ajudar, mas eles também precisavam muito de ajuda. Já não sabíamos o que fazer, a quem recorrer, como sobreviver. Meu marido conhece uma moça aqui da cidade, que é cliente dele. Ele comentou a situação, e ela disse que podia colaborar com a solução. Veio na escola, conversou conosco e nos disse que o senhor era a pessoa certa para nos ajudar. Ela mesma fez o contato, depois eu também fiz, sem muita esperança de que alguém se dispusesse a largar seus compromissos e viajar quase mil quilômetros para vir aqui, gratuitamente, e nos trazer alguma luz. Quero lhe dizer que estamos gratos, muito gratos, e que só esse seu gesto de aceitar nosso pedido de socorro em troca de uns cafés já fez com que o ambiente ficasse algo mais leve. Sinta-se em casa, somos uma família aqui e o senhor é muito bem-vindo se aceitar ser adotado por nós.

Agradeci, comovido, sentindo a responsabilidade aumentar sobre os ombros. Aproveitei mais um café quentinho que chegara um pouco antes, pedi licença para conversar particularmente com o trio de tímidos, disse que estava à disposição de todos ali para conversar a qualquer momento e que ficaria na escola até a noite, quando aconteceria a palestra que prometi.

Fui regiamente pago: no preciso instante em que levantei, Lorena me presenteou com um abraço tão forte e tão intenso que tive que concordar com Breno: não, ela não era uma magrela sem peito e sem graça, ela tinha a força de alguém definitivamente pronta a segurar qualquer barra que alguém precise que ela segure.

VI – Rose e Flávio

Aqui nesta bela e sofrida cidade todo dia é dia de feira. É uma tradição que perdura: às quatro da manhã dezenas de pessoas começam a chegar numa determinada rua de um bairro e se desdobram para montar barracas de madeira com cobertura de lona, depois acomodam as mercadorias de um modo atrativo para os consumidores que começarão a chegar junto com o sol.

O público é fiel, atraído pela simpatia dos gritos que chegam das barracas e pela oportunidade de rever amigos, trocar ideias, compartilhar fofocas. Frutas, verduras, legumes, peixes, carnes, temperos, ovos, roupas, pasteis, caldo de carne, água de coco, tudo o que você precisa você encontra na feira livre que é montada uma vez por semana em cada bairro.

Por volta da uma da tarde a feira começa a ser desfeita. É a hora da xepa, quando se encontram verduras, legumes e frutas a preços bem baixos, alguns até gratuitos, porque o feirante prefere doar a mercadoria que vai estragar a ter que jogá-la no lixo mais tarde. E mesmo depois que a feira se vai, e antes que as moças simpáticas da limpeza urbana comecem a recolher os restos e a lavar a rua, ainda sobra tempo para que muita gente recolha comida que pode alimentar a família.

Fica um cheiro de feira o resto do dia e, mesmo depois de lavada, você sabe exatamente onde estavam a barraca de frutas, a de legumes e verduras, a de cebolas, a de peixes. A de peixes, então, deixa seu rasto por dois ou três dias.

Desde que cheguei a esta cidade e a este bairro, sessenta anos atrás, convivo com a feira livre das quintas-feiras, montada na rua da escola onde fiz o ensino primário, a duas quadras da minha casa de infância e a quatro de onde moro hoje. Até nos anos em que morei num bairro mais distante, eu me deslocava às quintas até a feira, quando podia. Nos tempos felizes da casa velha, onde morava com filhos, tartaruga, cães, gatos e coelhos, eu recolhia nos restos da feira verduras deixadas lá para alimentar os roedores mais fofos de todos. Cresci freqüentando a feira livre e tenho certeza de que minha formação ética e moral têm muito a ver com aqueles feirantes alegres e falantes, que atendem como se cuidassem e que guardam alimentos para quem não tem como pagar, na hora da xepa.

Flávio estudava na mesma escola que eu, ele no nono ano, eu no sétimo, e trabalhava na feira, numa barraca de frutas. Eu tinha uma pequena inveja dele, porque tinha um emprego melhor do que o meu: eu entregava verduras, legumes e frutas de um box do Mercado Municipal numa bicicleta. Devo ter sido o primeiro ciclo-boy da cidade, gosto de pensar que fui o primeiro do mundo. Mas não era exatamente um emprego como o de Flávio, porque eu só ganhava por entrega e, às vezes, a gorjeta das senhoras generosas, enquanto ele tinha um salário fixo, conhecia muito mais pessoas, montava a barraca por toda a cidade e podia gritar com os clientes e eu não. Saber gritar, aliás, é um requisito exigido por todo feirante que procurasse um empregado: o freguês, lá, é literalmente ganho no grito.

Para falar a verdade, só conheci Flávio depois da tragédia. Antes, ele era mais um feirante gritando como louco que estudava na mesma escola que eu, mas duas séries mais avançado, o que obstruía uma amizade mais próxima. Além de morar em outro bairro, distante demais para que pudéssemos ser amigos. Era outra característica sedutora da feira: por ser itinerante e cobrir todos os bairros, os trabalhadores vinham de todos os cantos da cidade, era quase uma ONU municipal.

Aconteceu que Flávio apaixonou-se por Rose, e ela por ele. Consta que foi mesmo na feira, porque ela não estudava na nossa escola. Consta também que ele às vezes faltava na escola para poder encontrar-se com ela, e vice-versa. Uma paixão adolescente que foi se refinando para amor, e que foi evoluindo para planos futuros de algo próximo a um até que a morte nos separe.

Havia um problema, muito incisivo naqueles tempos dos anos de chumbo, mas que desgraçadamente ainda perdura até hoje: ela era de classe média morando num bairro nobre, estudando no colégio de freiras, filha de oficial do exército; ele era pobre que trabalhava na feira, morando num bairro periférico, estudando em escola pública, filho de pintor de paredes. Condições diferentes que não impediram a explosão da paixão, mas que produziram um roteiro escrito por algum grego antigo: um amor do tamanho das epopéias com um final como o das grandes tragédias.

Esses casos, como sabemos, conseguem se manter no anonimato até certo ponto, depois os segredos começam a escorrer por entre dos dedos. Isso porque existem pessoas que respeitam as paixões alheias e existem pessoas que vivem para destruí-las. Então, se o amor entre os dois contava com a cumplicidade dos colegas da feira, contava também com a insídia das colegas do colégio de freiras. Ironicamente, uma mera letra r seqüestrou a pureza amoral e a inocência da feira e introduziu a moral religiosa e inflexível da freira. Que, no caso, nem era a irmã superiora, mas uma freira ciumenta que, quis o destino, um dia visse os dois num banco da praça, abraçados como se abraçam dois seres amados.

Entre o flerte dos olhares, as conversas furtivas nos dias de feira, o toque de mãos na entrega das frutas, o começo do romance num fim de semana no calçadão da praia, onde tinham marcado, e o dia fatídico do encontro com a freira, seis meses de felicidade haviam se completado. Dois jovens que se contentavam com o toque de mãos e a troca de olhares na feira, e com alguns beijos furtivos nas tardes da praça foram levados à maior intensidade da relação após a proibição da família dela, proibição acompanhada de castigos físicos e psicológicos e de uma acompanhante constante que respondia pelo título de irmã mais velha, entre casa e escola, únicos lugares que ela podia freqüentar a partir daquele momento.

Claro que qualquer pai, freira ou professor deveria saber que só é possível proibir aquilo que se pode impedir. Coisas muito distintas, que sempre produzem ou grandes romances, ou grandes tragédias: proibir encontros entre duas pessoas é até possível, sob certas circunstâncias; impedir o amor entre duas pessoas é impossível. A rigor, nem a morte impede o amor, como ensinava Shakespeare e ilustraram Julieta e Romeu. Ou Rose e Flávio, tanto faz, não muda o final.

Os dias que se seguiram à proibição foram de sofrimento e de saudade para os dois, mas nem passou pela cabeça deles desistir um do outro. Para que as escritas se realizassem, a distância forçada só serviu para aumentar a paixão. Restava encontrar meios para de novo poderem se encontrar, tocarem novamente as mãos, cruzarem os olhares mais uma vez.

A solução começou com os amigos da feira, que se propuseram a furar o bloqueio para levar mensagens dele até ela. E se concretizou na figura de uma amiga que também estudava no colégio de freiras, mas que era filha do feirante da barraca de peixes. Acho que contei que a feira é uma tradição da cidade e que cobre todos os bairros, um dia da semana em cada bairro. Não contei, por desnecessário até aqui, mas que agora se mostra de suma importância, que há duas feiras por dia, em dois bairros distintos, e que as duas se unem aos domingos, montando uma feira gigantesca no centro da cidade. Foi na feira de domingo que Rose e Flávia se conheceram, e é aos domingos que o peixeiro monta uma bela barraca freqüentada pela classe mais abastada em busca de camarões, tilápias, tainhas, lulas e polvos.

Pois a filha do peixeiro dos ricos, como não podia deixar de ser, estudava na mesma escola das filhas dos ricos. Devo dizer, para que não fique nenhum incômodo, que minha filha também estudou na escola de freiras, mas quase três décadas depois desta história, quando a escola já vivia os tempos modernos, com meninos e meninas e professoras leigas. E dizer também, para não cometer nenhuma injustiça, que mesmo naqueles tempos havia freiras legais e que promoviam o amor. Dizia, antes da digressão oportuna, que a filha do peixeiro, sintam como o destino costura as vidas, estudava com Rose e era conhecida de Flávio e de todos os amigos dele.

Todos os amigos de Flávio, aliás, menos ele mesmo, cairiam de amores pela filha do peixeiro, se ela não fosse filha do peixeiro. E por alguns deles também ela cairia de amores. De modo que ela compreendia a profundidade do sentimento entre os dois e a tristeza que a separação causava. Sem que ninguém lhe pedisse, propôs-se a ajudar, e passou a levar bilhetes dele para ela e dela para ele. Só tinha uma condição: Rose deveria ler os bilhetes e devolvê-los no mesmo momento, para que ninguém os encontrasse com ela. Feliz por vestir o papel de cupido, a filha do peixeiro levava esses bilhetes de volta para Flávio, que prometeu guardar todos, tanto os que ele escrevia, quanto os que recebia da amada, para que pudessem ler todos quando voltassem a ficar juntos para sempre.

Mais que desejo, seria profecia: não tardaria para que eles ficassem mesmo juntos. Para sempre, para todo o sempre.

O esquema, como deveria ser previsto por eles, mas que desgraçadamente não foi, durou a contento apenas até as férias escolares, quando a filha do peixeiro perdeu contato com Rose. E foi nas férias escolares que a represa rompeu e inundou as vidas de todos os envolvidos: aconteceu que, no último dia de aula, desesperada pela visão de meses sem contato, Rose rompeu o combinado e guardou o bilhete de Flávio. Precisava dele para sentir que o amado estava com ela. Tomaria o máximo cuidado, ninguém jamais o encontraria e, se fosse preciso até comeria o pequeno papel, mas precisava ficar com ele, aquele bilhete era Flávio encarnado.

Os dias se passaram e Rose foi ficando cada vez mais segura de que ninguém descobriria o bilhete, de modo que foi se descuidando paulatinamente, até que a mãe certo dia o descobriu. Já não se fazem mães como antigamente, para felicidade dos amantes secretos: como se fosse um troféu, a mulher entregou o bilhete ao marido, que repentinamente abandonou o papel de pai, como sempre fazia em situações de educação de filhos, e mostrou todos os predicados de um oficial do exército quando se depara com um desertor.

Não só castigou novamente, e com maior requinte de crueldade, como também foi até a feira devolver o bilhete a Flávio e mostrar quem é que manda no pedaço. Foi com farda, medalhas e a prepotência de certos oficiais da época que, como já contei anteriormente, era a dos anos de chumbo. Mais precisamente, 1965, um dos anos que nunca acabaram, recordo perfeitamente porque foi nesse mesmo ano que esses oficiais levaram meu pai. Prometeu, aos brados, que, se Flávio insistisse, seu patrão já poderia programar um dia de luto e procurar um novo empregado.

Entre assustado e furioso, Flávio guardou o bilhete no bolso do avental e se manteve calado. O oficial foi embora e Flávio foi dispensado pelo patrão para se recompor em casa e voltar no dia seguinte. Na barraca de peixe, quase em frente à de frutas, a filha do peixeiro teve vontade de se enfiar na barriga de uma tainha e desaparecer do mapa.

Como o bem com o bem se paga, ninguém jamais soube que era ela a mensageira do amor, até que ela mesma confessasse, aos brados, no dia que já vou contar qual foi.

Ninguém jamais soube como Rose conseguiu fugir e como Flávio ficou sabendo para se encontrar com ela. O que se sabe é que, quatro dias depois, foram encontrados num quarto de hotel barato, numa cidade vizinha do outro lado do mar, num bairro tipicamente nordestino onde donos de hotéis não perguntavam quem eram as pessoas ou de onde vinham. Eram hotéis de alta rotatividade, usados por prostitutas para levar clientes, e a discrição era a regra.

A proprietária do hotel contou à polícia que eles chegaram com uma pequena mala, disseram que estavam de passagem e pagaram uma semana antecipada. Só se preocupou no terceiro dia, porque eles não saíram nem para comer, e foi bater à porta. Na ausência de resposta, ela usou a chave reserva para abrir, e foi nesse momento que se deparou com os dois, nus, abraçados como se uma cola tivesse grudado os dois corpos. Mortos. A maleta aberta e vazia e, cobrindo os corpos e a cama, centenas de bilhetes de amor serviam de coberta para o frio que agora não mais sentiam.

Também não se sabe que fim a polícia deu aos bilhetes. Da minha parte, venderia a alma ao diabo para poder ficar com eles, provavelmente ali estava inscrita a mais profunda e dolorosa história de amor, que com toda certeza serviria como alarme para evitar tragédias onde o desespero e a dor vencem a força pungente da vida.

Só havia um necrotério na cidade, nos fundos do Hospital São José, de modo que os corpos ficaram em velórios contíguos. O exército disponibilizou uma guarda especial para evitar problemas entre as famílias, como se a dor da perda não fosse maior do que o ódio. Contrariando minha normal ojeriza a velórios e enterros, e devido à posição de presidente do grêmio estudantil e editor do jornal O Calouro, fiquei algum tempo no velório de Flávio, juntamente com muitos alunos e professores da escola. Por não ser amigo nem de um nem de outro, pude flutuar pelos diversos velórios daquela noite, inclusive pelo de Rose, sem ser detido pelo militares.

Foi nessa noite muito especial que a filha do peixeiro, firme como uma rocha, valente como uma mulher, parou em frente ao oficial, que nem nesse momento extremo deixou a farda em casa e, olho no olho, a voz sem um mínimo de hesitação, disse-lhe que sabia de tudo o que acontecera, desde os castigos físicos até as agressões verbais, desde o cárcere privado até a ameaça de morte na feira. Declarou-se testemunha de tudo e confessou que era ela que levava os bilhetes de um para outro.

Diante do espanto de todos, em especial do oficial, concluiu: sabe por que eu fazia isso, Coronel? Quer saber o motivo? Eu lhe digo: porque eles se amavam!

Antes de virar as costas, entregou um último bilhete para o oficial: este bilhete não é de Rose, nem é de Flávio, este bilhete fui eu que escrevi. É para o senhor, Coronel, e sei que vai aceitar. É o meu endereço, apareça lá quando quiser, ou como um pai que sofre porque perdeu a única filha, ou como oficial de exército que vai me prender, de qualquer modo que for eu vou recebê-lo.

Atravessou a cerca de soldados e foi passar o resto da noite junto ao corpo de Flávio. Por ela, apenas para receber um mínimo daquela energia e sabedoria, também passe a noite toda lá.

VII – Alejandro

No leito da morte, que ameaçava chegar todo dia, meu pai reservava forças para conversar comigo coisas da vida. O câncer já tinha corroído seus pulmões e fígado, atacava com violência as cordas vocais, a ptose derrubara irremediavelmente as pálpebras, o tumor atingira parte do cérebro e paralisara todo o lado direito. Tentando me manter positivo, eu cuidava dele como sabia, embora tivesse consciência de que não era o suficiente.

Alimentação por sonda, abrir e fechar as pálpebras para lubrificar os olhos, muitas vezes ajudá-lo a expelir o ar: o diafragma perdera a elasticidade e o ar inspirado não conseguia sair, então eu precisava empurrar os pulmões para expelir o gás carbônico que o sufocava e envenenava.

No quarto silencioso cuja janela mostrava a parreira majestosa que ele plantara e cuidara com zelo, o sol se infiltrava sorrateiro e tímido, como se não tivesse coragem de testemunhar tanto sofrimento. Algumas vezes sobrevinha um forte espasmo e parte do fígado era ejetada num lance de vômito. Eu o limpava e sofria com ele.

Entre uma grande dor seguida por outra menos aguda, mas sempre uma dor, nós conversávamos. Recordávamos algumas passagens da vida em comum e lamentávamos não ter convivido o suficiente, afastados pelas lidas diárias e pelas desavenças que nunca foram entre nós dois, mas que não permitiram caminhar lado a lado todos os dias ao pôr do sol, como nos tempos em que eu era criança. Ou nos distantes montes da Espanha, quando ele adentrava a mata para caçar cobras, que vendia na cidade para farmacêuticos, e eu o seguia, morrendo de medo dos lobos e das cobras, mas confiando que ele me levaria de volta pra casa.

Um dia ele me perguntou se eu o deixaria morrer, e eu disse que não. Ele quis saber por que eu não deixaria, e eu respondi por que amo você. Esse é o seu amor, perguntou ele, um amor que quer a pessoa por perto, mesmo que essa pessoa sofra? Mesmo que queira partir? Você tem certeza de que isso é amor?

Não, eu achava que sabia, mas naquele momento perdera a certeza. Talvez amor fosse o que minha mãe sentia: nos momentos de agonia, quando o sofrimento dele parecia insuportável, ela ia até um pequeno altar na sala de estar e pedia que Deus o levasse e abreviasse o sofrimento. Depois, quando ele melhorava e estabilizava, ela voltava ao altar e pedia perdão a Deus por ter pedido que o levasse. Uma rotina constante, quase diária, que a consumia, sem que o Deus dela lhe concedesse qualquer pedido, como se lhe dissesse para esperar pela próxima crise ou pela próxima estabilidade antes de suplicar.

Curiosamente, o mesmo ritual que Antonia cumprira, como se fosse instintivo, mas que provavelmente era oriundo da religiosidade muito presente nas duas, que sequer haviam se conhecido.

Treze anos antes eu sofrera um grave acidente que me concedeu um longo período numa cama com colchão de madeira. Quebrado como uma xícara que vai ao chão e sem a possibilidade de gesso, devido aos cortes, era preciso que eu ficasse quieto o tempo necessário para a calcificação dos ossos partidos. Meu pai foi cuidar de mim, e conversávamos sobre a vida. Eu era jovem e não queria morrer, por isso não lhe fiz a pergunta que ele me fez. O que me responderia se lhe perguntasse? Acredito que sei a resposta.

Oito anos depois do acidente comemorávamos o aniversário da minha filha quando irrompeu uma discussão aos berros no apartamento ao lado. O homem, fora de si, gritava impropérios e às vezes parecia que chegava à agressão física. Meu pai perguntou o que era aquilo, e eu expliquei que era rotineiro, eles brigavam e ele ficava furioso. Ele me perguntou se eu já tinha tentado intervir. Argumentei que o homem era violento, que tinha uma loja de armas no centro da cidade, a parede da sala cheia de armas penduradas, e que se eu fosse chamar-lhe a atenção correria perigo. Ele me perguntou se eu achava que a mulher corria perigo também, e eu disse que sim, que eu achava isso. Então ele me perguntou quem foi que me ensinou que minha vida valia mais do que a dela. Assim, desse jeito.

Fui até lá, toquei a campainha, o homem saiu, conversei com ele, a briga cessou e o aniversário transcorreu na paz.

Foi aquela pergunta dele, cinco anos antes, que me deu a certeza da sua resposta, se eu lhe perguntasse sobre deixar o outro partir se este quisesse.

Pois o que ele me disse e o encadeamento de interrogações calou fundo na alma, e passei longos dias a refletir sobre o assunto. Quando o médico veio visitá-lo, o que fazia regularmente uma vez por semana ou se houvesse qualquer emergência, eu o levei até o portão e perguntei-lhe porque meu pai não morria. Porque você não deixa, ele respondeu. Não quer magoar você, não quer se mostrar ingrato à sua dedicação, pode parecer ingrato da parte dele morrer apesar dos seus cuidados. E o que devo fazer? Parar de fazer massagens para expelir o ar? Suspender a medicação? O que devo fazer? Vá para casa e volte amanhã, ele me disse. Amanhã ele já não estará vivo se você for pra casa agora.

Depois dessa conversa meu pai ainda sobreviveu mais nove semanas. Não fui pra casa nem por um breve momento, passei esse tempo cultivando o amor egoísta que cuida e não deixa partir, a despeito do sofrimento que causa no outro. Não sei se me arrependo, não me permito pensar nisso. Sei que ele me perdoou de verdade: pouco antes de perder as cordas vocais para sempre, ele me disse que era o pai mais feliz do mundo, porque o desejo de todo pai é um dia poder ser filho do seu próprio filho. Agora, ele me disse, sei que criei você muito bem, porque você é meu pai e eu sou seu filho.

No dia em que ele se foi um mundo inteiro se abriu diante dos meus olhos. Aqueles seis meses de convivência intensa com o mais doce e sábio dos homens descortinou um universo de tolerância e compreensão. Conceitos como amor e dor estavam todos ressignificados dentro de mim, gravados a fogo por aqueles olhos azuis tão claros que deixavam ver o céu atrás deles. Jamais conheci um homem que tenha sofrido tanto em vida como meu pai. E jamais conheci um homem tão paciente e empático quanto ele. Não sei se consegui ser pai dele, mas acredito que sim, que ele não mentiria pra mim. Sei que cuido dos meus filhos para que um dia eles também possam ser meus pais.

Quando Emília ligou pra mim dizendo que decidira se suicidar naquele dia, meu pai me veio à mente instantaneamente, como costuma acontecer sempre que algo grave se descortina diante de mim e eu tenho que tomar decisões. Então disse a Emília que compreendia as dores dela e a decisão também. Que estava longe de casa, levaria quatro ou cinco horas para chegar, mas quando chegasse a primeira coisa que faria seria ligar para ela. Se não me respondesse eu entenderia e sentiria saudades. Se decidisse esperar pelo meu telefonema, poderíamos conversar sobre o que a afligia, sobre o que tanto a atormentava a ponto de decidir partir para sempre.

Emília esperou. Três anos depois desse dia, ainda conversamos regularmente e aprendo muito nessas conversas. Ela nunca me perguntou por que não tentei impedi-la. Se perguntasse, eu lhe contaria a história do sofrimento do meu pai e da lição que me deixou sobre o que é amar: apenas eu sei o tanto que sofro e o quanto consigo suportar. Se você é incapaz de diminuir meu sofrimento, então não tem o direito de impedir minhas decisões.

Eu acho que consegui diminuir o sofrimento de Emília ao ponto dela desistir do intento. Mas também acho que ela só esperou por mim porque eu respeitei sua decisão e, portanto, a sua dor.

Já faz quase trinta anos que meu pai se foi. Nesse tempo jamais parei de meditar sobre suas palavras, sobre todas as suas palavras, que não são muitas, mas que são tão ricas que abrangem todo um gigante mundo de ideias. A ausência dele acelerou meu amadurecimento, no sentido de que, se já não podia recorrer a ele em emergências, deveria buscar as respostas dentro de mim.

Quando a situação fica insolúvel, vou até o túmulo dele e peço ajuda. Não sou místico nem religioso e não acredito em vida após a morte, mas sei que ele deixou todas as respostas dentro de mim, que só preciso deixar que saiam. Então vou até o túmulo levar umas flores e agradecer pela ventura de ser filho dele e de ter tido a suprema sorte de conviver tão intensamente durante aqueles meses de tanta dor. Volto pra casa renovado e com respostas, que geralmente se resumem à pergunta-chave: o que é amar?

Se, para cada questão que a vida apresenta, eu achar a resposta para essa pergunta, acharei a resposta para a questão, como se fosse uma resposta universal. Se um dia algo muito profundo acontecer comigo e eu pensar em me suicidar, e se você tentar impedir, irei fazer-lhe as perguntas que meu pai me fez porque, no fundo, todos os que chegam a tal situação fazem essas mesmas perguntas de um modo ou de outro: você não me deixa partir porque me ama? Amar é querer o outro ao lado, ainda que sofra a ponto de querer partir? Você tem certeza de que me ama? Pode diminuir minha dor?

Você sabe o que é amar?

VIII – Marilyn

Marilyn era uma mulher deslumbrante em vários sentidos: elegante, andava como se estivesse sempre desfilando num palco; culta, falava francês com sotaque francês; requintada, sabia se apresentar em qualquer lugar e se portar como uma rainha da Inglaterra; linda, pele de seda, olhos verdes profundos, cabelos cuidados como se estivesse sempre saindo do salão de beleza. Sempre com a maquiagem suave retocada, o batom destacando os lábios carnudos e a boca pequena. Marilyn era a verdadeira miss Universo, bela e altiva como nenhuma outra mulher.

Tinha 82 anos quando a conheci, e ao conhecê-la nem precisei confirmar seu nome: ela era Marilyn, quase uma Monroe. Eu tinha menos de 30 e estava no auge do ego: ex-jogador de futebol que ainda batia uma bola nos fins de semana, campeão de xadrez, engenheiro químico trabalhando na quinta maior empresa do mundo, morando a poucos metros da praia, carro do ano, casado com uma jovem bonita e muito, mas muito ciumenta.

Marilyn tinha algo mais, além da beleza sem par, porque foi ela a única mulher por quem me apaixonei e que não provocou o ciúme da jovem com quem estava casado. Que era bonita, mas não chegava aos pés de Marilyn. Com um detalhe maior: a musa dormia na nossa casa uma vez por semana!

Marilyn ganhava a vida fazendo faxinas, que eram tão requintadas quanto ela mesma. Trabalhava para nós e para alguns colegas de trabalho, um dia para cada família, e não descansava nem nos finais de semana. Tinha sete clientes, todos amigos entre si. Gianfranco foi o primeiro a descobrir a joia rara ainda nos tempos que trabalhava em Caxias, cidade do Rio de Janeiro. Foi apresentando-a a um amigo, que a apresentou a outro, e assim ela completou a semana. Era como um membro das sete famílias, e se tornou um elo entre elas.

Discreta, não comentava nada sobre as outras famílias, nem mesmo se fosse provocada. Sabíamos mais uns dos outros por gente de fora do circuito do que pela boca daquela linda mulher. Se eu pudesse definir a perfeição numa palavra, eu diria Marilyn.

Ela não tinha família, suponho, porque passava todo o tempo com as sete famílias: chegava logo depois do café da manhã, colocava o que ela chamava de roupa de trabalho, que se parecia mais com o uniforme das camareiras de hotéis finose cuidava de fazer com que todas as superfícies da casa se tornassem espelhos, um ambiente que bem poderia se transformar em UTI de hospital, bastando para isso pendurar uma garrafa de soro. Espelhos, aliás, eram seu único vício, foi ela que convenceu minha mulher de que uma casa deveria ter um grande espelho em cada parede, de modo que, não importa para onde você vá, estará sempre se vendo e melhorando sua aparência.

Desconfio sempre que foi essa prática que deu o pontapé inicial ao meu divórcio: com tantos espelhos, minha mulher passou a gostar mais dela do que de mim, e eu passei a perceber que meu ego tinha graves defeitos de fábrica. Mas nunca culpei Marilyn por isso, nem poderia: imagine o tamanho do ego se eu tivesse um décimo da beleza dela! Pois ela tinha a beleza, mas tinha um ego muito menor, e eu nem sabia falar francês como ela. Relações têm um início, um meio e um fim, o que as faz maiores ou menores é esse meio, mas todas terão um fim. Quando o fim foi se aproximando, minha mulher e eu não conseguimos passar de fase, e isso aconteceria com e sem espelhos.

No fim da tarde, serviço completado, Marilyn se arrumava e voltava a ser Cinderela. Tomava chá com minha mulher e comigo se eu estivesse. Nem sempre eu estava, era um tempo em que eu cuidava de ficar rico, o que nunca aconteceu e espero que não aconteça, e nunca recusava trabalho. Depois eu me tornei adulto e mudei, mas era assim naquele tempo. Durante o chá, ela ousava contar sua vida, em capítulos, de modo que tínhamos que esperar uma semana inteira para o próximo episódio. Tinha memória perfeita, sempre recomeçava no ponto que terminara uma semana antes. E tinha vida para contar, quanta vida tinha para contar!

Não tive o prazer de ouvir toda a história da boca dela, com expressões próprias e deliciosas, entrecortadas com palavras francesas que apimentavam o relato. Quando não estava presente no chá minha mulher dava a versão da história, que nunca correspondia ao relato fiel, claramente percebido nos dias em que ouvia da boca de Marilyn. Justiça sendo feita, ninguém seria capaz de repetir os relatos dela.

Quando jovem, Marilyn nos dizia, era mais bela ainda. Eu duvidava, mas não externava, lembranças são lembranças e aquelas eram as dela. Filha única de um gerente do Banco do Brasil e uma professora de taquigrafia, teve uma infância financeiramente boa, mas de relações muito difíceis com o pai. Estudou balé clássico por muitos anos e apresentava-se no Theatro Municipal, aquele com um agá depois do tê inicial, em São Paulo. Estudou na melhor escola da maior cidade das Américas, e foi lá que aprendeu francês. Quando ganhou a maioridade e completou o ensino médio, colocou na cabeça que queria ser vedete de teatro. E ponto final.

Abro um parêntesis: era nessa parte da história, de uma menina nascida em fins do século XIX, com um pai troglodita, que minha mente lógica empacava: alguém com essa família não poderia se chamar Marilyn. Era um tempo que nem a Monroe existia! Seria mesmo esse o nome dela? Porque eu tinha uma prima querida, casada com um primo mais querido ainda, que se chamava Telma. Era cantora de voz divina. Convivi com ela muitos e muitos anos. Só depois que ela morreu e fui visitar o túmulo foi que descobri que o nome dela era Benedita. Meu carinho e admiração pela Telma só aumentou. Dúvida introduzida, jamais saiu pela boca, morria de medo de deixar minha musa aborrecida. Fecho o parêntesis.

Decidida a ser vedete, deixou a casa paterna deserdada e esquecida, uma promessa solene dos pais, e partiu para o Rio de Janeiro. Conforme qualquer pessoa com olhos poderia perceber, fez sucesso rápido, as apresentações em que ela aparecia enchiam as casas de espetáculos, ganhou as capas de jornais e revistas, viajou pelo mundo, fascinada e fascinante, recebeu convites para fazer filmes.

Sempre parava nesse ponto, o de convites para participar de filmes. A cada desses convites, alguns simplesmente irrecusáveis, seus pais entravam na sua cabeça, e ela recusava. Uma coisa, dizia, era mostrar as pernas num palco, onde as pessoas assistiriam, ela sairia do palco, vestiria uma roupa comum e voltaria a ser Marilyn, a que fazia compras no mercado e limpava o pequeno apartamento que dividia com duas colegas em Botafogo. Outra, mais grave, é mostrar as pernas num filme, que ficariam eternizados e chegariam aos olhos dos pais, envergonhando-os para sempre.

No fundo, essa preocupação que servia para obstruir o sucesso era uma forma consciente de amar os pais e inconsciente de preparar o caminho de volta pra casa, assim que o sonho cessasse ou as pernas já não servissem para ser mostradas e admiradas. Na prática, demorou em voltar e, quando voltou, seus pais já não a podiam ver mais: seu pai morreu vítima de um infarto fulminante dentro do banco, em frente a uma multidão de desconhecidos que eram mais próximos do que sua filha; sua mãe morreu alguns anos depois, conseqüência da hipertensão que a acompanhou toda a vida e que evoluiu para um acidente vascular cerebral fatal.

Marilyn só soube da morte do pai no dia da morte da mãe: sendo filha única, foi avisada por uma prima que acompanhava em segredo sua carreira e telefonou para o teatro momentos antes de uma apresentação do grupo. Marilyn terminou o show, foi para a rodoviária e chegou a tempo do enterro da mãe. Voltou para o Rio no dia seguinte e encerrou o capítulo de pais vivos distantes.

Como previra, o tempo passou, meninas mais novas chegaram e ela foi perdendo protagonismo. O dinheiro minguou, passou a aceitar pequenos papeis. Uma escola de línguas ofereceu-lhe algumas aulas de francês, mas foi despedida assim que o proprietário descobriu que ela era vedete de teatro rebolado. Antes de demiti-la, como fazem todos os cafajestes, fez outras propostas, prontamente recusadas, a última delas, antes da demissão, acompanhada de um sonoro tabefe na cara do pilantra. Tabefe que demonstrou seu caráter, mas que, num mundo misógino, fechou-lhe portas e mais portas até a eternidade.

Sem dinheiro para pagar o apartamento, foi passar um tempo na casa dos pais de uma das meninas que morara com ela. A mãe concordou em deixá-la morar por um tempo em troca da faxina da casa, e ela começou uma nova profissão, que perduraria até o dia da sua morte. Foi assim, por esse caminho tão tortuoso, que Marilyn chegou a Santos, trazida pela família da amiga quando o pai foi transferido para Cubatão, e caiu no nosso colo. Ou nós caímos no dela, tanto faz, o que importa é que Marilyn foi fazer parte da nossa pequena família de casal sem filhos, sem gatos, sem cachorros e quase sem futuro.

Após o chá da tarde com reminiscências, Marilyn recolhia-se ao quarto. Não

assistia TV conosco, nem aceitava jantar ou sair para andar à beira da praia. Fazia parte do seu caráter discreto e elegante não permanecer muito tempo junto ao casal. Tomava banho, maquiava-se e vestia um vestido florido dois dedos acima dos joelhos, meias finas de seda, um colar que parecia de pequenas pérolas, uma pulseira combinando com o colar. Você podia pensar que ela iria sair para uma festa de casamento, ou para um encontro num restaurante chique, mas ela simplesmente fazia esse ritual para dormir.

Ciente da curiosidade que isso causava, ela já antecipava a explicação: imaginava-se morrendo enquanto dormia, fazia parte do quadro da idade somada à vida difícil que sempre tivera, com os exaustivos treinos do balé clássico, depois do teatro de rebolado, depois das faxinas desgastantes física e emocionalmente. Houve a separação brusca dos pais, sua morte quase no anonimato, os humilhantes assédios de homens que confundem uma atriz com prostitutas só porque mostram as pernas, as dificuldades financeiras companheiras de sempre. Uma vida que só ganhou algum plano reto e calmo, por incrível que possa parecer, quando, sem nenhum planejamento, encontrou as sete famílias que a hospedavam e lhe pagavam um bom dinheiro em troca de uma faxina que, agora, lhe dava prazer.

A soma de todos esses fatores dera-lhe a certeza de que um belo dia ela não acordaria do sono eterno. Pela manhã, um dos patrões ia perceber que ela não surgira para o café e, ao entrar no quarto, encontraria Marilyn imóvel, no derradeiro sono. Não queria causar transtornos nem dar o mínimo trabalho, então já adormecia pronta para o caixão, era só transferir do jeito que estava, botar no buraco e jogar terra por cima.

Quando eu sofri o grande acidente, na véspera do Natal de 1981, Marilyn não alterou um milímetro da rotina: no dia marcado, toda semana, ela chegava, cuidava da casa, tomava o chá da tarde, dormia toda produzida, acordava na manhã seguinte, ia me desejar um bom dia, tomava seu café e partia. Na longa e dolorida convalescência, numa cama forrada com "colchão" de madeira, meu pai cuidava de mim, dava-me banho com extremo cuidado, alimentava-me o corpo e a alma. Marilyn seguia sua rotina, inflexível, imutável.

Quando minha mulher chegava da escola, meu pai ia embora. Deixava-me limpo e alimentado, perguntava se eu queria que ficasse mais um tempo e eu, mesmo querendo ardentemente, mentia que não, que estava bem, que o esperava no dia seguinte. Nos dias em que Marilyn fazia a faxina meu pai, claro, também estava. Mas eles não falavam um com o outro, não trocavam olhares. Era como se ambos fossem invisíveis entre si, como se não percebessem que o outro existia. Nenhum dos dois demonstrava incômodo com a presença do outro, mas nenhum dos dois se dispunha a trocar uma mísera palavra.

Demorei algum tempo para compreender, e só vim a ganhar a noção do que significava aquele comportamento treze anos depois, quando o destino me concedeu a única honra que jamais gostaria de obter, a de retribuir os cuidados que meu pai tivera comigo ao acompanhá-lo em sua lenta e longa agonia na travessia no barco de Caronte. Foi nessa época que ele me fez entender que, quando nos dedicamos aos cuidados de alguém que amamos verdadeiramente, precisamos nos concentrar integralmente no ser amado. Qualquer distração pode provocar incômodo, dor ou até algo mais grave. Eu estava com milhões de ossos quebrados, imobilizado pelo fio invisível do sofrimento, e ele concentrava sua atenção nos mínimos movimentos que eu fizesse para fazer a higiene, trocar os curativos, prover a alimentação. Não se dava o direito de relaxar um segundo qualquer.

Com efeito, as dores eram muito maiores quando ele não estava, como se sua simples presença fosse uma espécie de cura. E era, mas não uma cura pela presença, e sim a cura pelos cuidados extremos, impossíveis de adivinhar nas mãos rudes calosas e de dedos incrivelmente tortos do passado de pedreiro que construía casas e muros com encaixes de pedras, sem argamassa. Casas e muros que estão funcionais até hoje.

Pois um dia especialmente ruim a sonda se deslocou e eu não percebi. Meu pai passou mal e tivemos que chamar o médico de emergência. Ele chegou e rapidamente percebeu a sonda fora do lugar, teve que retirá-la e colocá-la de novo, com todo o desconforto que essa manobra causa. Um erro de observação e de cuidados que meu pai não tivera comigo durante os oito meses que permaneci inativo. E que ele não teve comigo porque sua atenção era total na tarefa que se propôs cumprir.

Era como se Marilyn percebesse isso, e passasse como uma lufada de vento suave para não deslocar as folhas frágeis representadas pelas mãos do meu pai. E era como se meu pai percebesse os movimentos invisíveis de Marilyn, e se mantivesse focado no que devia fazer. Dessa forma, nenhum dos dois mudava um pingo da sua rotina para conversar, as conversas ficavam para quando minha mulher chegava, no fim da tarde, e ambos podiam se desconectar do que haviam feito o dia todo.

Eu queria que Marilyn tivesse vivido o suficiente para assistir a agonia do meu pai, acho que ela poderia me ajudar com os cuidados, aconselhar-me, ensinar-me como se supera tal situação. Queria também que meu pai pudesse conhecer Marilyn melhor. Embora de idades diferentes, meu pai era vinte e seis anos mais novo do que ela, eles eram almas gêmeas. Na verdade minha avó materna era mais nova do que Marilyn, o que dá para imaginar a grandeza daquela linda mulher.

Marilyn viveu o suficiente para assistir o esvaziamento do meu ego e o nascimento de um novo homem, mais completo e gentil, embora com vinte quilos e muitos dentes a menos. Quilos são recuperáveis, até quando não se deseja e dentes sempre é possível comprar outros, esses não são problemas insolúveis. Mais difícil, muito mais trabalhoso, é abandonar o inchaço do ego, o que aquele acidente que quase me matou e me deixou imprestável por muito tempo conseguiu fazer instantaneamente: o homem que entrou em coma no hospital ficou por lá; o homem que acordou e voltou pra casa e pra vida era outro muito diferente.

Quando recuperei o senso de humor, dizia para as pessoas que emagrecera apenas 10 quilos, os outros 10 eram do ego.

Quis o destino que, durante a transformação, eu tivesse um mestre a me cuidar.

Também minha avó tinha grandezas. Quando intuiu que meu pai estava muito doente e que podia não mais revê-lo, ela tentou comprar uma passagem da Espanha pra cá. Estava com 90 anos completos. A companhia aérea não aceitou fazer a venda, disse que precisava de um atestado médico e de um acompanhante durante o vôo. Ela então atravessou a fronteira e foi comprar a passagem em Portugal. Não disse nada para ninguém. Desceu em Guarulhos e comentou com a aeromoça que não sabia onde o filho morava, que tinha um endereço nos envelopes das cartas que ele lhe escrevia, mas não sabia a distância do aeroporto até a casa dele.

A aeromoça seguiu com ela até o atendimento da companhia aérea, que acionou algum representante do consulado. A Polícia Federal também entrou no circuito: como uma senhora analfabeta que vivia na última aldeia da última província da Espanha, saíra de casa e empreendera uma longa viagem sem avisar ninguém de que viria? Alguém da própria companhia aérea teve a ideia de abrir uma agenda telefônica, daquelas antigas parecendo Bíblias gigantes, e encontrou um número telefônico. Ligou e minha mãe atendeu. Não acreditando no que lhe diziam, passou para mim, dizendo que era um trote.

Fui buscar minha avó, que esperou pacientemente as 4 horas que levei para chegar. Não nos víamos desde que eu saíra de lá, com pouco mais de seis anos de idade, mas ela me reconheceu de imediato. Eu, um homem com mais de quarenta anos, barba embranquecendo, cabelos também, sem nenhum traço infantil que pudesse denunciar quem eu era, e ela me reconheceu! Quando apontei na porta da Polícia Federal, onde a haviam acomodado, ela se levantou imediatamente e correu para mim.

Uma mulher muito pequena e fisicamente frágil, vestido preto até os calcanhares, lenço preto na cabeça, os olhos azuis do meu pai encravados nela, uma grande mala, maior do que ela, junto à poltrona, os cabelos brancos se insinuando por baixo do lenço, eu a reconheceria mesmo que jamais a tivesse visto, era a figura encarnada das mulheres do lugar onde nasci, todas de luto eterno por algum ente perdido nas guerras imundas ou nas partidas forçadas de maridos ou filhos para longe dali, muitos dos quais não voltaram jamais.

Mas ela me reconhecer, aí foi demais. Claro que ela estava esperando por mim, e eu era muito parecido com meu pai, o que pode ter ajudado o reconhecimento. Mas eram muitos metros, minha própria miopia não deixava sua figura clara, como ela podia enxergar assim aos noventa?

O luto da minha avó começou quando ela tinha 20 anos, dois filhos pequenos, e o marido partiu para o novo continente em busca de uma vida melhor. Ele nunca voltou e ela nunca deixou de esperar. Só tiraria o traje preto quando ele voltasse. Ou seja, nunca. Embora nessa idade o preto lhe caísse muito bem.

Quase quatro horas depois chegamos à casa do meu pai. Quatro horas em que ela não parou de falar, não parou nem para me ouvir. A excitação era tanta, tão avassaladora, que preferi ouvir tudo o que ela derramava em cima de mim, cuidando para não interrompê-la um segundo sequer. Além do que, entre uma frase e outra ela se virava, acariciava meu cabelo e dizia que eu estava muito bonito. Como interromper uma mulher bonita que lança elogios o tempo todo?

Minha avó acompanhou os últimos meses do filho amado, tomou um avião e voltou para morrer no exato e preciso pedaço de terra onde havia nascido cem anos antes. Exatamente como fazem os elefantes, esses seres que jamais esquecem sua terra natal, qualidade que não herdei da minha pequena grande abuela Maria.

Marilyn nos deixou para sempre quatro meses depois do meu acidente, numa época em que eu já conseguia dar alguns passos e ir comprar meio quilo de tomates no Mercado Municipal, a 50 metros de onde eu morava, e onde tinha tido meu primeiro emprego de ciclo-boy na barraca do seu Alcides. Meio quilo era o máximo que conseguia carregar, mas estava feliz em poder andar, tomar sol e vento na cara, rever as pessoas. Pessoas que, ao passar por mim, assustavam-se com a figura em que havia me transformado, magro e torto, feio como nunca imaginara que poderia ser. Em dias melhores, eu seguia até o colégio das freiras, uma quadra adiante, para fazer fisioterapia com irmã Julieta, a irmã superiora que me contava histórias enquanto me fazia apertar bolinhas para fortaleces os músculos dos braços.

Foi a serviço da irmã Julieta, aliás, que o acidente aconteceu: íamos para o presídio da Praia Grande, irmã Shirley e eu, fazer o Natal da família dos detentos, com o carro cheio de bolos e presentes para as crianças e cobertores para os presos, quando um ônibus desgovernado entrou no carro sem pedir licença e me lançou a muitos metros, mortinho da silva. Como diziam as comadres da rua, gente ruim não morre, e aqui estou.

Num dia desses, voltando do Mercado com o meio quilo de alguma coisa, o telefone tocou. Um dos sete amigos ligou para informar que Marilyn tinha partido para outra dimensão. Não partira como tinha previsto e desejado, adormecida e pronta para o caixão, ela se jogara na frente de um trem de carga que fazia manobra no cais do porto. O maquinista percebeu, mas não conseguiu frear a pesada composição. Lamentavelmente, as pesadas rodas de ferro deixaram Marilyn irreconhecível, longe dos cuidados extremos que ela mantinha na sua aparência e que ansiava por levar para o túmulo. Tenho certeza de que não deveria se preocupar com isso, diria isso pra ela se pudesse me ouvir, nenhum trem, nada neste mundo conseguiria apagar tanta beleza.

Felizmente, se é que pode haver alguma felicidade nisso, todos nós guardamos na memória a última aparição da figura daquela bela mulher entrando ou saindo da nossa casa: impecavelmente arrumada e maquiada, incrivelmente, deslumbrantemente bela.

O mundo ficou muito mais cinza sem nossa Cinderela.

IX – Alejandro de novo

Voltamos à questão que me tira o sono, pela total impossibilidade de lógica e de compreensão: por que a morte de alguém que a deseja e até a busca incessantemente choca mais do que a morte de alguém que queria ardentemente viver? Embora ambas sejam absurdas e dolorosas perdas, por que um suicídio provoca mais consternação do que um assassinato?

Nenhuma vida vale mais do que outra. Foi o que meu pai me ensinou e fez questão de relembrar no episódio do vizinho que agredia a mulher e que eu teimava em não querer ver. Mas, se todas as vidas têm o mesmo valor, de onde vem a noção, que é universal, de que suicídios são tragédias maiores do que qualquer outra morte? Não são igualmente vidas que se vão?

E qual é a origem da nossa insistência sobre a pessoa que declara ou dá pistas de que deseja morrer? Não aprendemos geração após geração que a morte é a única certeza que podemos ter, e que é ela que nos torna rigorosamente iguais, independentemente das diferenças sociais, raciais, sexuais, religiosas, culturais, financeiras? Que é a única semelhança entre o miserável que vive nas ruas e o magnata que mora em mansão?

Por que a morte nos apavora? E, entre os muitos jeitos de morrer, por que o suicídio é o que mais causa comoção? Podemos pensar sobre isso? Sérgio dizia que queria ter o direito de escolher quando morrer, que não queria ser colhido de surpresa. Há algo doentio nisso? Ter controle não é o cerne de tudo o que nos ensinam nossos pais e professores? Podemos falar sobre isso?

Meu pai foi interno em um manicômio, o Hospital Anchieta de Santos, durante um tempo. Eu era adolescente então. Não foi por loucura, mas por política, num tempo em que adversários políticos da ditadura eram considerados subversivos e torturados ou desaparecidos. Por ser estrangeiro, meu pai teve sorte melhor, embora um manicômio cuja alcunha fosse Casa dos Horrores não possa ser chamado de sorte.

Conversamos algumas vezes sobre isso, sobre a experiência de terror que experimentou a contragosto. Lúcido entre loucos, ele pode observar as interações entre aquelas pessoas, e delas com os profissionais da saúde. De novo, se é que se pode chamar de profissionais da saúde médicos e enfermeiros que administravam uma casa dos horrores e que contribuíam para deixar as pessoas cada vez mais doentes.

Construiu uma teoria: toda pessoa tem um limiar de sofrimento que consegue suportar. Se o limiar é insuportável, o sujeito se suicida; se passa do limite extremo, enlouquece. Como nem sempre o crescimento é uniformemente linear, e pode dar saltos em certas situações, há pessoas que chegam à loucura sem passar pelas tentativas ou pensamentos suicidas, e há aqueles que, antes de aportar na loucura, experimentaram tentativas frustradas de suicídio.

Essa teoria era confirmada pela observação de que nenhum louco do Anchieta, apesar das torturas de choques elétricos e nudez no concreto frio e úmido tentava se matar. Aqueles que eram mantidos sob vigilância porque haviam tentado, na opinião do meu pai, ainda tinham pontas de lucidez.

Então a loucura seria uma espécie de proteção à vida, uma fuga da realidade que possibilitava alguma funcionalidade ao sujeito sem a tortura da memória de sofrimento e dor. Seria dessa forma que profissionais sem ética levariam pessoas sãs ao estado de loucura: aumentar tanto o sofrimento para que, impedido de se suicidar pela vigilância constante, o sujeito enlouquecesse e a internação compulsória se justificasse.

É chocantemente imensa a quantidade de profissionais que ainda hoje sustentam o modelo manicomial, décadas depois da comprovação de que essas pessoas chamadas de loucas convivem bem e com maior qualidade de vida quando estão incluídas na comunidade à qual pertencem. Gente que navega entre nós e cujas vidas valem tanto quanto a nossa. E que, se a teoria paterna estiver correta, não terão pensamentos nem ações suicidas.

Em suma, a única forma de evitar tanto o suicídio quanto a loucura é impedir que o sofrimento pessoal atinja o tal limiar. Que, aumentando a dificuldade para a ajuda, é diferente em cada pessoa. Quanto maior for o egoísmo, menor a possibilidade de suicídio: egoístas, em geral, não sofrem suficientemente para atingir o limiar. Num limite extremo, sociopatas jamais cometerão suicídio, pela falta absoluta da empatia, uma característica que faz aumentar nosso sofrimento quando o outro sofre e que está ausente neles.

Para evitar o aumento do sofrimento do outro e a chegada ao limiar, precisamos estar atentos aos sinais emitidos pelo sujeito. O que não é, por si só, garantia de que iremos conseguir agir para evitar males maiores, mas é sempre um ponto de partida necessário e imprescindível. Em algum ponto da curva o sujeito sofredor cria uma barreira entre ele e as pessoas que tentam demovê-lo da ideia. Isso se dá não porque o sujeito acredite que não precisa de ajuda, mas porque se sente afrontado nas suas decisões. Uma pessoa com pensamentos suicidas é alguém que respeita integralmente as decisões de todos sobre si mesmos: afinal, se ele está decidido ao ato final, por que tentaria impedir que um diabético chupe um sorvete ou um hipertenso coma sal grosso? Se ele pretende ser dono de si mesmo, a ponto de abrir mão da vida, quem é ele para proibir qualquer pessoa de qualquer ação?

Daí que, porque exige o mais alto grau de autonomia, assim também confere autonomia àqueles que o rodeiam e eventualmente o amam. Amor, aliás, não é nem de longe um argumento que evite a decisão: se o sofrimento é tanto e de tal intensidade, a crença no poder do amor já morreu muito tempo atrás.

A esta altura Lorena interrompe: então significa que qualquer coisa que a gente tentasse seria incapaz de impedir o professor Nivaldo de se enforcar?

Breno complementa: eu fico pensando nesse negócio e tento entender como foi que ele enganou todo mundo. Poxa vida, a gente estava se esforçando e ele parecia participar, até falava coisas bonitas pra levantar a bola da gente, de que seria legal se a gente estudasse bastante para conseguir realizar os sonhos, de que a gente não devia nunca desistir, de que era bom ter amigos por perto porque as emergências se chamam emergências justamente porque não avisam quando vão chegar. Aí, ele programa o celular pra impedir a gente de chegar a tempo e faz aquilo. Eu me senti meio que traído. Tem mais: se o sofrimento era grande assim como o senhor fala, como é que ele fez toda aquela programação?

Em situações como essa, quando precisamos manter a chama daquela gente acesa, perguntas como essa batem tão fundo que é preciso respirar com vigor para não se afogar. Como explicar que não, não faltou esforço e não faltou amor, que uma coisa é o amor que você oferece e outra é o amor que o outro consegue aceitar? Que limiar é esse que produziu em

Nivaldo o desejo de criar estratégias para chegar a um fim? Qual era esse sofrimento que não podia ser aplacado pelo carinho de tantos jovens, que abriram mão de tempo de suas próprias vidas para se dedicar a salvar a dele? Seria possível de alguma forma diminuir o nível dessa dor?

Ainda meu pai e sua teoria: quando o limiar é atingido a curva estaciona ali. Se algo acontece que a tira da inércia e a empurra para baixo, a tristeza permanece, mas desaparecem os pensamentos suicidas. Se algo sério rompe a inércia e a empurra para cima, sobrevém a loucura e cessam os tais pensamentos. Significa afirmar que durante o planejamento fatal, Nivaldo não passou por nenhum dos dois processos, nem o que aumentaria o sofrimento, nem o que o reduziria. Estabelecido numa reta muito alta, mas estável, o sofrimento não aumenta nem diminui e, assim, mantém vivo o pensamento fatal. O que seria bom descobrir para confortar a todos os que tentaram salvá-lo é o seguinte: que tipo de processo mental dirigiu o professor durante aquele tempo e que permitiu que a reta do limiar se mantivesse constante? Seria esse o processo mental característico de todo suicida que consegue concretizar o intento? Existe alguma fórmula que puxe a reta para baixo?

Quando há tentativas de remover o pensamento, mas essas tentativas são insuficientes para desestabilizar a reta, o sujeito planeja formas de atingir o objetivo. Até onde se saiba, todo suicídio é planejado cuidadosamente, porque tentativas frustradas costumam tirar a credibilidade da pretensão, e o suicida sabe disso. Alguns teóricos chegam a afirmar que o suicídio é uma tentativa de chamar atenção que deu errado. Não é. Essa é uma forma de reduzir a gravidade do ato e das consequências que isso traz para todos os envolvidos.

Lembrem-se que foi esse raciocínio que a turma fez quando soube da primeira tentativa do professor, o de que fora simplesmente um erro na dosagem do medicamento.

Não há uma fórmula concreta para evitar suicídios, seria ótimo se existisse. Há formas melhores e formas piores de lidar com o problema. O melhor que conheço é o da aceitação: se você me diz ou insinua que quer se matar, eu reconheço o seu direito ao corpo e à vida e me proponho a não tentar impedir nenhum ato seu. Mas ofereço meu ouvido e minha companhia para ouvir o que tanto lhe incomoda, se assim você desejar. Se você aceitar, eu fico verdadeiramente à sua disposição, ouvindo sem julgamentos ou pressuposições. Ao fim, sigo aceitando suas decisões, porque com relação ao seu corpo e à sua vida, só você pode fazer o que acha ser apropriado.

Devemos ter em mente que é enorme a possibilidade daquele sofrimento ter sido originado ou asseverado pela falta de aceitação ou de autonomia. Rejeições provocam a ferida que não quer fechar. Não aceitar a decisão do outro ou subtrair-lhe a autonomia pode não ser o ideal para impedir o ato, já que apenas mantém a linha contínua do tamanho da dor e da rejeição. Se o sujeito já externou o desejo de morte, então ele já atingiu o limiar. Claro que há alguns casos de chantagem emocional, mas esses são a minoria e, além disso, até prova irrefutável, devemos acreditar no que o outro nos traz.

Voltamos aqui ao caso de Rose, Flávio e o coronel: só podemos proibir o que conseguimos impedir. Quem mais compreendeu a situação foi a amiga, filha do peixeiro: alimentando a esperança de um futuro, ela reduziu o limiar do sofrimento dos dois. Não havia possibilidade de suicídio enquanto a comunicação fosse mantida, mesmo que o encontro presencial demorasse. Ao cortar essa comunicação, o pai de Rose involuntariamente acelerou o processo de sofrimento que, naquele quarto de hotel e pressentindo o futuro irremediável se fossem encontrados, obrigou o jovem casal a fazer um pacto de seguirem juntos, que só poderia ser concretizado, na compreensão deles, com a dupla morte.

E aí não importa a crença de cada um: se você acredita que há céu e inferno após a morte, cometendo um ato de suicídio a dois irão para o mesmo lugar, permanecerão juntos, e juntos enfrentarão qualquer monstro, qualquer obstáculo. Se você acredita que a vida acaba na hora da morte e voltamos ao pó, húmus para plantas e flores, um ato de suicídio a dois encerra os problemas presentes e futuros.

Foi dessa maneira que agi com Emília, respeitando ao máximo seus sentimentos e suas decisões. Dei-lhe autonomia e credibilidade. Não a rejeitei simplesmente porque não rejeitei suas decisões. E foi como não agi com meu pai. Embora fossem duas situações muito diferentes, tratava-se da mesma temática: é justo mantermos viva a pessoa que amamos, a despeito do sofrimento insuportável que o viver lhe causa? Isso é amar?

Lorena voltou ao tema do professor Nivaldo e a afirmação que os deixou perplexos, quando ele lhes disse que a medicação piorou sua situação. Perguntou se podíamos entrar no assunto naquele momento ou se preferia esperar o café. Em pouco tempo de convivência, esses jovens já perceberam que sou movido a café como o ventilador é movido a energia elétrica. Um vício que não consigo abandonar.

Aproveitei a observação para entrar no assunto que Lorena trouxe, embora tivesse sugerido abordar o assunto durante a palestra, mas sugeri que falássemos de coisas amenas até que o café viesse me salvar. Concordaram, é claro, não sabiam falar não pra mim porque são educados e porque estabeleceram um vínculo de afeto. Crianças e adolescentes têm essa qualidade, a de criar empatia rapidamente e se ligar às pessoas usando menos filtros do que adultos. Às vezes isso lhes causa problemas, mas em geral é um fator de aprendizado, o único que realmente funciona: só aprendemos com quem se deixa capturar pelos nossos afetos e deixa que entremos na sua alma sem oferecer resistência. Os neuroqualquercoisa que me perdoem, mas só o afeto ensina, e só com afeto aprendemos.

Chegou o café, enriquecido com pães de queijo, e o clima amistoso que se formou propiciou que lhes contasse uma história de que gosto muito: era uma vez um grande sábio que vivia recluso em algum lugar da montanha, em comunhão com a natureza. Ele escrevia muito, registrava suas descobertas e teorias. Encontrara a solução para muitos problemas e a cura de muitas doenças. Um dia decidiu que tudo aquilo nada valia se não pudesse servir para que as pessoas vivessem melhor. Decidiu abandonar o local e viajar até a capital para apresentar seus estudos ao Sultão.

Em meio ao caminho foi abordado por um bando de ladrões, que lhe subtraíram tudo. Então ele implorou: por favor, levem-me tudo, levem-me a mula, os pertences, levem-me até a roupa do corpo e me deixem nu, mas, eu lhes suplico, não levem meus apontamentos, é tudo o que tenho e para vós de nada servirá.

Ao que o ladrão retrucou: se tua sabedoria está contida toda nestes escritos, então sábio tu nuca fostes e ainda não és.

Estamos conversando hoje aqui, e vocês precisam gravar na mente as nossas palavras, as minhas e as de todos, que é o lugar mais nobre onde podem estar. O homem mais sábio que cruzou meu caminho quase nada escrevia, pouco falava, mas muito sabia. Durante algum tempo, quando não necessitei dos seus aconselhamentos para crescer, eu os esqueci. Mas chegou o dia da necessidade, então tive que buscar na memória o que ele me dizia de modo natural, sem querer ensinar, mas ensinando.

Percebam que estamos hoje tentando decifrar problemas e encontrar soluções, e as palavras dele estão muito presentes. Nenhum ladrão de estrada conseguiria roubar isso de mim e, se vocês prestarem atenção e mantiverem o coração aberto, também nenhum ladrão jamais roubará de vocês.

Voltando ao assunto e à dúvida da Lorena, sobre os medicamentos e seus efeitos: a ciência pode lhes fornecer a resposta, já que há estudos em revistas conceituadas mostrando a relação do aumento de medicações psiquiátricas e o respectivo aumento de suicídios. Pensava-se que a depressão fosse o gatilho para o pensamento suicida, e não há como negar que há relação entre os dois, mas são os medicamentos que, a acreditar no que dizem esses estudos, provocam o ato suicida em si.

Para que compreendam melhor esse processo de causa e efeito, posso lhes contar o caso de um jovem que foi meu cliente até 2018. Tinha 14 anos e tomava medicamento psiquiátrico desde pequeno, em função de um diagnóstico de Transtorno de Déficit de Atenção e Hiperatividade. Quer dizer que era ativo demais, às vezes até agressivo e violento, e tomava o remédio para se acalmar e aumentar a concentração.

O diagnóstico estava errado, nós descobrimos um tempo depois, quando conhecemos a história familiar com mais detalhes. Sua mãe era usuária de drogas com alto grau de dependência. Quando o menino nasceu, ela o entregou para a avó materna, porque não tinha condições de criá-lo e foi embora. Com o tempo e tratamentos, ela conseguiu largar o vício, casou novamente e tinha dois filhos com o novo marido. Por nascer de uma mulher que usava drogas ilícitas constantemente, o menino nasceu dependente.

Chama-se Síndrome da Abstinência Neonatal, mas eu prefiro chamá-la de Síndrome da Abstinência Fetal, para que as pessoas se conscientizem de que a droga atinge o feto desde sua formação, e não apenas antes do nascimento. O detalhe que não pode ser esquecido é que essa síndrome pode surgir tanto por dependência materna de drogas ilícitas, quanto pela dependência de drogas lícitas. A rigor, a única diferença entre as duas é que as lícitas você pode comprar na farmácia da esquina. Ou seja: precisamos fazer o máximo esforço para evitar tanto uma quanto a outra.

Logo a avó percebeu a hiperatividade do garoto e a tendência a se machucar. Foi ao psiquiatra, que iniciou a medicação. A droga lícita fazia o trabalho e, enquanto seu efeito durava, ele se acalmava. Quando o efeito cessava, voltavam os sintomas da abstinência, e ele precisava ser novamente medicado. Significa dizer que, para controlar os sintomas da abstinência, o garoto era drogado.

Quando concluímos o diagnóstico, passamos pelo processo de abandonar o vício involuntário, que naquele momento era causado pelo medicamento, encontrando atividades que o ajudassem a reduzir os sintomas e vencer a dependência. Ele encontrou o desenho: quando os sintomas da abstinência se insinuavam, ele desenhava compulsivamente e conseguia superar.

Ele me contou como funcionam esses remédios. Disse que estava apaixonado por uma menina da escola, e achava até que ela correspondia, porque respondia às mensagens dele. Na escola ele não chegava perto dela, com medo da rejeição, já que a fama dele não era das melhores. Pois um dia que ele não tomou o remédio e foi para a escola, quando ela passou o coração dele disparou, as pernas fraquejaram, o ar faltou, ele pensou que ia morrer, tudo dentro dele se movimentou como bateria de escola de samba.

A coisa se repetia todos os dias que ele a via, e ele se sentia vivo e feliz mesmo com o perigo da bateria dentro do peito. Até que a avó descobriu que ele estava descartando o remédio e voltara a apresentar comportamentos ruins. Então ele me contou que tomou o remédio e foi para a escola. A menina passou e não aconteceu nada, nem o tremor de pernas, nem o bater no peito, nada. Ele estava oco, não havia nada dentro dele. Não sentiu sequer desespero, medo, nada, tudo tinha sido arrancado dele, até a figura da menina amada.

No dia seguinte não tomou o medicamento e a paixão voltou, da mesma forma avassaladora. Então ele se assustou porque descobriu que quando medicado estava morto, que viver é sentir intensamente as emoções e ele queria viver. Parou de tomar o medicamento e assumiu a responsabilidade de se regular de outra forma. E conseguiu.

Um dia ele me perguntou se o que ele tinha podia ser curado. Eu lhe disse que sim, desde que preenchesse duas condições: a primeira seria não faltar nas sessões, para que pudéssemos refinar o controle dos sintomas através do desenho, e para que eu pudesse negociar com a escola essa passagem; a segunda seria perdoar a mãe. Expliquei-lhe que, assim como ele compreendera que estava doente, assim também sua mãe estivera. Teve o bom senso de deixá-lo com a avó para não prejudicá-lo. Agora ela estava limpa, já não estava mais doente, e eu tinha certeza de que gostaria de conversar com ele. Não espere que ela peça perdão, aconselhei, seria muito difícil para ela, mas assim mesmo conceda-o, ainda que seja apenas você que fique sabendo que a perdoou.

Dois meses depois, já com melhor controle sobre os sintomas, ele me disse que ainda não conseguira perdoar a mãe, mas que já sentia saudades dela. Então eu dei-lhe a alta, o jovem apaixonado com bateria de escola de samba no peito estava curado.

O que ele me ensinou? Que medicamentos psiquiátricos eliminam as emoções. Sem emoções, as pessoas não aprendem a lidar com a frustração, o ódio, o nojo, a tristeza, a depressão, o amor, a ansiedade. Quando algumas dessas emoções surgem fortes e não há a bengala do medicamento, a pessoa se perde, não consegue dialogar consigo mesma. Sem o medicamento fica sem armas para lidar com as emoções; com o medicamento fica sem as emoções propriamente ditas. Como me disse o jovem, fica oco, sem órgãos.

E o que acontece com quem tinha emoções fortes e, por algum motivo, atingiu o limiar do sofrimento na parte de cima da curva, começando a ter pensamentos suicidas? Sem o medicamento, vai ter dificuldades para lidar com as emoções que o torturam, mas conseguirá, se encontrar ajuda correta. São comuns os casos de pessoas que vão se suicidar e, num impulso, ligam para o Centro de Valorização da Vida. Do outro lado da linha, alguém treinado ouve as queixas da pessoa e mantém a ligação o tempo suficiente para que o desabafo faça o trabalho de esvaziar o desejo macabro. São pessoas que mantém as emoções vivas e atuantes e que refugam quando encontram ajuda apropriada.

Mas se a pessoa atingiu o mesmo limiar e está medicada, não há nada dentro dela com que lidar, não há órgãos internos funcionando, o corpo está oco. Sem as emoções, com o peito vazio, nada que venha de fora, nenhuma ajuda poderá encontrar eco dentro dela. Como as emoções estão caladas, os planos de suicídio podem ser feitos sem nenhum impedimento de ordem moral ou emocional. Até por isso o amor não é capaz de ajudar, por mais sincero que seja: um corpo oco, sem órgãos e sem emoções será incapaz de receber e acolher o amor, assim como será incapaz de receber qualquer tipo de sentimento, seja bom ou ruim.

Quando o interior fica vazio, o mundo em volta fica também. Não vale a pena viver num mundo sem cor e sabor. E não há esforço que possamos fazer para pintar um mundo externo para quem não tem nenhuma emoção para sentir.

A nível teórico é provável que quando o professor estava sem medicamentos sua vida já estivesse ruim, tanto que ele foi procurar o médico, mas ele mantinha as emoções vivas, mesmo que às vezes não conseguisse lidar com elas. Até que, incomodado com seus próprios pensamentos, foi ao médico e trouxe medicamentos que o ajudariam a se livrar do sofrimento. Junto com o sofrimento as emoções se foram, porque é impossível deixar de sofrer quando temos sentimentos. Para eliminar a dor psicológica precisamos ou criar um sofrimento físico maior ou eliminar as emoções. Alguns infligem em si mesmos o sofrimento físico, outros optam por eliminar as emoções.

O segundo caminho leva a pensamentos suicidas e, em alguns casos, ao ato final.

Talvez possamos pensar sobre isso nos termos de Sérgio: o objetivo é ter controle sobre os fatos e a vida, não permitir de jeito nenhum que os acontecimentos nos peguem de surpresa. Se mantivermos as emoções vivas, com toda a força que elas têm, elas nos controlarão, e não nós a elas. Em mentes atormentadas o turbilhão típico das emoções provoca desespero. A cada acontecimento diferente uma nova reação se produz, e o sujeito vai perdendo o controle sobre si mesmo. Somos educados para o equilíbrio, embora a vida só aconteça no desequilíbrio e graças ao desequilíbrio: a própria divisão celular que constrói o organismo e nos mantém vivos só acontece depois de um desequilíbrio. No limite, a única condição em que o organismo está perfeitamente equilibrado é na morte.

Falamos muito em equilíbrio e pouco em harmonia. Pode existir harmonia no desequilíbrio, basta observar o planeta onde vivemos: ele não é uma esfera perfeita e tem o eixo inclinado. Se o eixo fosse perfeitamente perpendicular, a vida não existiria. Esse desequilíbrio nos fornece as estações, que por sua vez nos fornecem o ciclo da vida com a produção de alimentos. O mar, com suas ondas, está em constante desequilíbrio, assim como o Sol, fonte de toda vida, com suas infinitas explosões. No entanto tudo está em harmonia.

Somo microcosmos, organismos que imitam o universo em miniatura. Também nosso organismo está em constante mutação e desequilíbrio, o que se repete nas nossas relações sociais. O que precisamos fazer em meio ao desequilíbrio natural e constante, é encontrar o ponto da harmonia. Como fazem os maestros ou os compositores, misturando instrumentos e notas que, desequilibrados, constroem harmonia.

Então o sujeito está doente, em sofrimento psíquico, e a cultura em que foi educado força-o para a busca do controle e do equilíbrio. Que, por natureza, são duas coisas impossíveis: nem o homem, nem mesmo os deuses, foram capazes, por exemplo, de controlar a natureza, e furacões, terremotos e maremotos vivem destruindo lugares e pessoas. Como lhes disse, só existe vida graças ao desequilíbrio que, numa relação semântica, significa descontrole.

As grandes emoções, as que nos fazem muito felizes ou nos deixam muito tristes, não são controláveis. Ao contrário, elas nos controlam. O segredo é abrir mão do controle e aproveitar os momentos e as venturas de ser passageiro, absorver a natureza em torno enquanto as emoções nos levam a algum lugar ou a alguma pessoa, até que aconteça a harmonia.

Harmonia é a palavra chave para evitar chegar ao ponto mais alto, ao limiar do sofrimento. É também a forma mais simples de reduzir essa altura e fugir dos pensamentos suicidas. Só há harmonia, seja interna, seja externa, quando há aceitação. Quando aceitamos o outro do jeito que ele é, e quando aceitamos a nós mesmos da forma que somos, então criamos o ambiente harmônico necessário para compreender que o equilíbrio é indesejado e prejudicial, e que o controle é impossível, mas que, assim como o planeta Terra não precisa disso para criar e manter a vida pulsando, assim também nós não precisamos de medicamentos para viver.

Para que possamos abrir mão dos medicamentos e, mesmo assim, sobreviver aos terremotos e vulcões internos, precisamos de gente em torno de nós. De amigos, colegas, parentes. De gente que, ainda que nos desequilibre, constitui a diferença que, como num ímã ou como no infinito Universo, é o fator insubstituível da harmonia.

X – Placebos e curas

A pergunta que eu quero compartilhar com vocês e que vai servir como ponto de partida para nossa análise é esta: é possível curar alguém que não quer ser curado?

Vamos pegar como exemplo essa moça generosa que nos trouxe o café: ela tem uma compreensão de mundo que é uma aquisição dela e de mais ninguém. Você também tem a sua e Luca tem a dele. Cada um de nós, sem nenhuma exceção, tem uma compreensão de mundo que é só sua e que é diferente de todas as outras. É como uma impressão digital, só que é mental.

Alejandro, Sérgio, Nivaldo, Lincon, Flávio, Rose, Marilyn, todos tinham a sua representação de mundo, e cada uma delas era diferente da que tenho eu, que é diferente da quem tem a Sonia e da que cada um de vocês tem.

Chamamos a isso "vida simbólica": uma reunião de símbolos que dá sentido, ou não, à vida que realmente vivemos.

Quando a vida simbólica está em acordo com a vida vivida, entramos em consonância, que podemos também chamar de harmonia, mas consonância é uma palavra melhor neste caso. Nosso viver passa a fazer sentido, nós nos apoderamos do próprio processo de aprender, crescer, desenvolver.

Posicionamo-nos no exato lugar em que devemos estar: o centro da nossa vida, o personagem principal das nossas ações. Em palavras mais simples e poéticas, somos felizes.

Claro que a infelicidade é o inverso disso, a descoberta de que a vida que vivemos está em dissonância com a simbologia que lhe damos. Como é que isso acontece? Entramos em dissonância cognitiva quando nossa vida é regida pela simbologia alheia. Visto que cada um de nós tem uma compreensão interna, apenas e somente quando pudermos viver conforme essa compreensão poderemos ter o alívio da consonância: ou nos tornamos sujeitos ou não poderemos ser felizes.

Aprender também é uma contingência interna: temos um potencial, podemos desenvolvê-lo, mas o que conseguimos desenvolver é o nosso potencial, não o do outro, não há o aprendizado de fora pra dentro.

Uma relação saudável do meu processo de ensino/aprendizagem leva em conta meus referenciais internos, não os seus; uma relação saudável do seu processo leva em conta os seus referenciais internos, não os meus. E por referenciais internos não se entende apenas o potencial - que é infinito - mas a simbologia que dou à vida, meus interesses, disposição, prontidão.

Se você quiser me compreender, tem que ser a partir dos meus referenciais internos, não dos seus. E se quiser que eu aprenda, tem que respeitar esses referenciais e aceitar que você é um personagem secundário na trama da minha vida, e que sou eu o principal.

Da mesma forma eu devo compreender seus referenciais internos, não os meus, e devo respeitar esses seus referenciais, aceitar que eu sou um personagem secundário na trama da sua vida, e que é você o principal, se eu quiser que você aprenda o que eu lhe digo.

Seria como se tentássemos ensinar conjugação de verbos regulares na aula de Português para alguém que só fala mandarim. Ou religião cristã para indígenas politeístas. Em ambos os casos, o potencial interno e a vida simbólica dessas pessoas não é capaz de compreender o que estamos tentando ensinar. No máximo, conseguiremos destruir a cultura deles, se insistirmos em focar nos nossos próprios referenciais de gramática e de crença.

Quando você permitir que eu dirija o processo, eu aprenderei e crescerei, porque sou eu a única pessoa que compreende esse processo, e porque, para crescer, preciso estar em consonância comigo mesmo, minha vida simbólica tem que caminhar lado a lado com minha vida vivida.

Algumas pessoas chamam essa vida simbólica de neurodiversidade: há tantas concepções de mundo quantas pessoas caminhando por este planeta, e todas são seres humanos com os mesmos direitos à vida, à liberdade e à autodeterminação. A mente e o corpo de cada um de nós são de nossa completa e inalienável propriedade, e a ninguém mais é dado o direito de invadi-los sem nossa permissão.

Deveria ser assim e, se assim fosse, haveria paz entre os povos e as pessoas. Muitas vezes não é, há pessoas que não respeitam ou não aceitam o protagonismo do outro, inventado motivos para poder interditar sua liberdade e autonomia. São essas pessoas de espírito ditatorial que causam os principais desconfortos sociais, culturais e, num nível pessoal, psíquicos.

Vejamos o professor Nivaldo: em algum momento da sua caminhada a vida que foi forçado a viver entrou em dissonância com sua vida simbólica. Os símbolos que sustentavam sua estrutura mental foram destruídos, como acontece com o indígena que é aculturado pelos ensinamentos cristãos. A harmonia é destruída e, com ela, as crenças que o sustentaram durante seu crescimento cognitivo e espiritual.

Não sabemos e talvez jamais saibamos que contingências quebraram a consonância do professor, ele não deixou grandes pistas sobre isso. Teria sido uma desilusão amorosa? A morte de um ente querido? Problemas financeiros graves? Discordâncias sérias no emprego anterior? Jamais saberemos, mas esses saber talvez não seja importante agora, porque já sabemos a causa principal: dissonância cognitiva, aquele momento que a vida vivida não se encaixa com a vida simbólica. Que, com grande margem de certeza, foi o que o fez abandonar a capital e começar vida nova na cidade do interior. Uma busca por uma vida nova que estivesse em consonância com sua vida interior, que não teve tempo de encontrar.

Aqueles rapazes talentosos têm uma preocupação, que cresceu com o suicídio do professor: pode a timidez levar a um processo de isolamento e de pensamentos suicidas? Bem, qualquer um de nós é passível de passar por esse processo, sejamos tímidos ou não. Nem sabemos se o professor era tímido ou simplesmente estava numa condição especial de recolhimento e fuga da vida social, mais interessado no plano de fuga final.

Claro que timidez incomoda, especialmente durante a adolescência: impede que façamos coisas que parecem boas, como flertar, namorar, falar em público, ser popular. Mas esse é um padrão que pode não combinar com nossa vida simbólica. Muitas pessoas são populares mesmo sendo excessivamente tímidas. Chico Buarque, por exemplo, diz que não consegue entrar no palco e enfrentar o público sem um cigarro entre os dedos: é o cigarro que lhe dá a segurança para ser popular, embora seu enorme talento pudesse dispensar qualquer tipo de ajuda.

Eu mesmo sou muito tímido, e precisei encontrar formas de conseguir falar em público sem tremer. Uma delas, que uso durante palestras, é o constante movimentar: não paro um segundo sequer, desço do palco para falar com alguém, quando algum comentário me desconcerta vou até a pessoa que comentou e dou-lhe um abraço. Não bebo água de jeito nenhum, não importa quantas horas dure a palestra ou a aula, que é para não me desconcentrar e também para não derramar a água com o tremor das mãos.

Mas a técnica mais importante que conheço para enfrentar o público é o domínio do que se fala, a certeza de que não vai errar conceitos e que vai conseguir responder as perguntas sobre o assunto. Timidez somada à insegurança é que provocam a catástrofe.

Por outro lado, embora a preocupação seja válida, precisamos reciclar nossas impressões, observar os novos tempos. As dificuldades que jovens relatam estão quase sempre ligadas ao fato de não conseguirem começar uma conversa com alguém de que estão gostando em silêncio, o que diminui as chances de um namoro. Todo jovem sonha em encontrar a pessoa certa, e às vezes essa pessoa parece distante demais, mesmo que esteja ali, do outro lado da mesa.

Pois a boa notícia é que os costumes estão mudando rapidamente: cansadas de serem tratadas como objeto, as mulheres declararam independência e não aceitam mais abordagens machistas e cafajestes. Rapazes tímidos as atraem, porque parecem mais respeitosos, menos invasivos, mais em acordo com a vida simbólica das mulheres de hoje. É uma questão de tempo para que os homens se enquadrem nesse padrão, se quiserem tem alguma chance, e os tímidos já partem na frente nessa corrida que nem deveria ser uma corrida: como dizia minha mãe, há sempre uma determinada meia que serve para um determinado sapato.

O que precisamos ver aqui é o seguinte: nossa vida simbólica está em consonância com nossa vida real? Se estiver, tudo bem, qualquer dia destes a felicidade chega, só não podemos ficar de bobeira e deixá-la passar. Se não está, precisamos encontrar as pontas que não se encaixam e buscar as soluções para isso. Significa dizer que precisamos nos conhecer de verdade antes de promover qualquer tentativa de mudança interior. Quais são nossos símbolos? O que nos move todos os dias e nos faz levantar da cama, estudar, trabalhar? Quais são nossas principais crenças? Que tipo de hábitos essas crenças produzem? Como posso lidar com as minhas crenças para que meus hábitos possam também mudar? Devo aceitar as pressões sociais para modificar minhas crenças? Se eu as mudar, continuarei sendo eu mesmo? Quais os pontos de consonância e de discordância entre minha vida social e minha vida simbólica?

Dezenas de interrogações que, por sua vez, trazem outras dezenas, mas que têm que ser levantadas, anotadas, meditadas, absorvidas. Não importa a quantidade das perguntas, o que importa é a qualidade das respostas: quanto mais sinceras forem essas respostas, menos interrogações surgirão e mais próxima estará a felicidade.

Isso nos leva de volta à pergunta inicial: é possível curar alguém que não quer ser curado? Claro que falamos aqui das dores psíquicas, não de doenças físicas que precisam de cuidados médicos específicos. Sei que nenhum de nós aqui presentes consegue curar um câncer, ou o diabete, nem mesmo uma banal e corriqueira miopia. E sei também que qualquer um de nós é capaz de curar qualquer mal psíquico, da ansiedade à angústia, da frustração à tristeza, do desamparo à desilusão.

Ainda que ninguém aqui com exceção de mim seja profissional da saúde mental, todos nós somos capazes de curar alguém que resiste a ser curado. A chave é entender o que significa o verbo curar: oriundo do latim e ainda em uso principalmente na Itália, curare significa cuidar. Quando você está cuidando de alguém, você está curando alguém, seja na Roma antiga, na Itália moderna ou aqui nesta escola.

Não é o sentido comum que lhe damos, o se livrar uma pessoa dos males que a afligem com remédios, terapias, massagens, pomadas ou curativos. O verbo que representa essas coisas é sarar. Como que representando que uma pessoa que está doente e é cuidada um dia sara. Sarar é uma contingência de dentro para fora, a própria pessoa sara, no sentido de se livrar do mal. Curar é um processo de fora para dentro, a pessoa é curada, no sentido de ser cuidada, ainda que o mal persista por algum tempo.

Placebo é o nome que damos a alguma substância inerte que faz o mesmo efeito do remédio original. Tenho um exemplo maravilhoso de placebo: acho que vocês ainda se lembram da minha abuela Maria, que atravessou o oceano achando que e estado de São Paulo era igual à sua aldeia natal, e que bastava descer no aeroporto que a casa do filho estaria logo ali, ao dobrar o caminho. Pois ela só conseguia dormir se tomasse uma aspirina. Precavida, cuidou disso também, afinal era meio século tomando as aspirinas para poder dormir.

Aconteceu que ela planejara passar dois meses no Brasil, e meu pai morreu seis meses depois. Ao final do segundo mês as aspirinas acabaram e ela não conseguia mais dormir. Caminhava pela casa à noite, qual fantasma, tentando encontrar o sono em alguma fresta da porta ou gaveta da cozinha, e nada. Uma semana inteira e o sono não vinha. Levei-a a um geriatra que se propôs a resolver o problema de imediato: prescreveu uma receita de pílulas que foi aviada numa farmácia de manipulação, com componentes inócuos, tipo água e farinha, mas que eram fisicamente iguais às aspirinas originais.

Pois foi só a encomenda chegar, minha avó tomar a primeira e dormir como criança sem pecados ou preocupações. Meio século, e as aspirinas foram incapazes de impedir que um placebo conseguisse os mesmos efeitos. Acho até que com menos efeitos colaterais nocivos.

Pois no nosso processo de cura tudo é placebo. Mesmo os medicamentos farmacêuticos não teriam o efeito prometido se não houvesse uma pessoa que cuida do outro lado do balcão. Terapias são placebos, que dão melhor ou pior resultado dependendo da qualidade do vínculo que terapeuta e cliente constroem. Aulas são placebos, que conseguem melhores resultados quando estudantes e professores estão em sintonia. O amor materno é um placebo, os mesmos cuidados que uma mãe dedica ao filho não trariam os resultados se fosse outra pessoa a dedicá-los.

Em sendo tudo placebo, o jeito com que cuidamos da pessoa pode curá-la ou pode deixá-la mais doente ainda. Por isso precisamos tomar muito cuidado, que é a outra face do cuidado, para que nossas ações sejam positivas e benéficas. E a única maneira de cuidar para curar é, de novo e sempre, a aceitação. Aceitar que o outro é o protagonista do processo de cura, que é a sua vida simbólica que importa, que não podemos e não devemos encaixá-lo na nossa vida simbólica, que nossas crenças são nossas, não dela.

Quando alguém chega ao meu consultório, eu o acolho. Não pergunto, não julgo, apenas acolho. Respeito integralmente os conteúdos que ele me traz, acredito em tudo o que ele me diz e me disponho a servir. É um cliente, não é um paciente. Não há a relação vertical do profissional agente e o sujeito paciente, é uma relação horizontal, onde o cliente é a pessoa mais importante daquele lugar. É o seu querer que me importa, e é o seu objetivo que me guia.

Seus conteúdos mentais, a história de vida, percalços, sucessos, fracassos, angústias, frustrações, tudo faz parte da vida simbólica daquela pessoa que me procurou. Tudo o que tenho a fazer é encontrar as pontas soltas, os locais onde essa vida simbólica precisa entrar em consonância com sua vida real.

Ao encontrar o que o aflige e faz sofrer, isso que muitas pessoas chamam de doença, então eu lhe digo que a doença pertence a ele, não a mim e que é decisão exclusiva dele querer se livrar dela ou mantê-la. Se decidir livrar-se dela e se permitir que eu o ajude, então só aí caminharei ao seu lado em direção à cura.

O que faço é cuidar. É o que todos você podem fazer, tendo sempre em mente que somos todos latinos, que, em latim, cuidar é curar, e que seus cuidados atingirão o objetivo de curar o outro quando você se tornar um placebo.

Recordando: placebo é algo inócuo que substitui o medicamento e provoca as mesmas reações do medicamento que substitui, sem os efeitos colaterais adversos do medicamento original. Como as aspirinas de farinha da minha avó, ou como qualquer placebo das experiências médicas. Quando você se tornar um placebo, substituirá qualquer medicamento, físico ou mental, sem os efeitos colaterais adversos.

Você já parou para pensar as mudanças radicais que precisam ocorrer no organismo de uma pessoa, para que um placebo substitua um poderoso medicamento? Quer pensar sobre isso?

XI – Ouvidos

Durante nossa conversa, a gentil merendeira que passou todo o tempo alimentando meu vício por cafeína e afeto, tentava ficar mais tempo na sala. Percebi a curiosidade dela, e passei a tomar o café bem devagar. A certa altura ela pediu licença para fazer uma pergunta: disse que tinha visto na televisão uma moça, achava que era psiquiatra ou psicóloga, algo assim, falando sobre suicídio. A moça falou que jornais e televisão não deveriam noticiar suicídios, porque poderiam aumentar a propensão em pessoas fragilizadas, que ganhariam a certeza de que não estavam sozinhas na ideia de se suicidar. Achava que tinha sido mais ou menos desse jeito, então me perguntou o que eu achava.

Não é fácil responder isso. A certeza que tenho é que as orientações corretas sobre os acontecimentos são sempre benéficas. Perceba a ironia da situação: uma profissional na TV falando sobre suicídios para afirmar que a TV não deve falar sobre suicídios para não incentivar pessoas fragilizadas. Não assisti a fala, então não posso dizer que ela focou da maneira correta o assunto, mas no geral considero que suicídios existem, como existe um monte de outras tragédias: racismo, feminicídio, assassinatos, preconceito, Será que deveríamos parar de falar sobre isso, ou será que é preciso falar mais e mais?

Estamos aqui faz tempo conversando sobre suicídios. Será que isso ajudará estas pessoas no futuro, ou será que incentivará tragédias? Eu aposto na primeira opção. Não é sobre o que se fala, mas como se fala.

Os casos que abordamos aqui possuem uma linha mestra que interliga todos eles, e que liga todos os casos de suicídio: rejeição. Não somos educados para a rejeição, nossos pais nos amam o suficiente para nos proteger dessas coisas ruins, estão presentes todas as vezes que alguém não nos aceita e nos defendem com unhas e dentes. Aprendemos a ser amados, mas também que precisamos corresponder às expectativas deles. Não é bem um amor incondicional, sempre exigem de nós algo em troca. Crescemos crianças mimadas, adolescentes mimados, adultos mimados, qualquer pequena frustração provoca em nós revoluções internas.

O caminho mais curto entre o sofrimento e a fatalidade é a rejeição, que eu prefiro chamar de não aceitação. Se passamos todos os anos da infância sendo aceitos, apesar dos problemas que causávamos, como aceitar agora que alguém nos rejeite?

Isso significa que só há uma forma aceitável de cuidados em pessoas com pensamentos suicidas: aceitação. Aceitar que o sofrimento atingiu o limiar superior, que o risco de morte é real, externar que respeita o direito do outro às suas próprias decisões e que estamos disponíveis para escutar seus argumentos, sem críticas, julgamentos ou chantagens, devolve ao sujeito o controle e protagonismo do processo pelo qual está passando. Dizer-lhe que não podemos afirmar o que é melhor para ele, porque também nós exigimos respeito pelas nossas decisões é o mesmo que confirmar que eu não rejeito você, nem nenhuma das suas decisões.

Ações empáticas não se fazem colocando-nos no lugar do outro apenas; é preciso sentir o que o outro sente. O conhecido ditado que diz não faça ao outro o que não gostaria que fizessem com você não está correto, ele só mostra o tamanho do seu egoísmo. É como se você fosse o modelo a ser seguido, e tudo o que te faz bem também fará bem ao outro, e tudo que te faz mal também fará mal ao outro.

O correto é não faça ao outro o que o outro não quer que você faça a ele. Quando se trata sobre o que afeta você, você é o parâmetro, o modelo a ser seguido, não cabe a ninguém dizer o que alguém deve fazer a você.

O que está em jogo é o controle, e cada um de nós deseja e tem o direito de controlar sua vida. Era o discurso constante de Sérgio: ele precisava estar no controle a qualquer custo, nem que fosse pagando com a vida, e alguém não permitia. Ao não ter permissão para tal, encontrou uma forma de decidir sobre a única coisa que podia ter sob controle: sua vida.

Atento e calado, como se fosse uma coruja, Luca tomou coragem para perguntar se era verdade que o suicídio é típico da adolescência, porque sempre ouvia falar que a maioria dos casos acontece com adolescentes.

Olha, Luca, efetivamente a adolescência é uma época da vida que nos deixa muito frágeis. Um tempo em que ninguém nos compreende, quando precisamos lidar com a difícil passagem entre a vida infantil e a adulta. Mas o suicídio está presente em todas as fases da vida: há inúmeros estudos que demonstram que acidentes domésticos ocorridos com crianças, como a ingestão de produtos de limpeza ou overdose de comprimidos são suicídios. Não é difícil demonstrar a diferença entre a ingestão de cloro por acidente ou para tentativa de suicídio: quando uma criança ingere o cloro depois de uma grande perda, como a morte da mãe ou do pai, ou mesmo uma separação traumática, ou depois de um abuso por algum adulto, por exemplo, provavelmente é suicídio.

Durante a adolescência, precisamos fazer três grandes lutos: precisamos matar o corpo da infância, a personalidade da infância e os pais da infância. E tudo isso ao mesmo tempo, sem que tenhamos consciência ou ferramentas para tarefa tão árdua.

O primeiro luto, o do corpo infantil, é visível: os seios que nascem, os quadris que se ampliam, os pelos, a barba, a voz engrossando, tudo remete a mudanças físicas que nos obrigam a abandonar o corpo antigo. Mas é doloroso e assustador, e por isso mesmo difícil de assimilar. No entanto, não há como impedir a passagem do tempo e a mudança do corpo. Mesmo que não consigamos impedir, tentamos, e isso causa angústia e ansiedade, e a ansiedade, acho que vocês sabem, é a mãe de todos os males psicológicos.

O segundo luto, o da personalidade infantil é mais sutil, e nossos próprios pais criam obstáculos para essa passagem com seu comportamento bipolar: ora nos consideram adultos e nos cobram responsabilidades compatíveis com isso, ora nos consideram crianças e nos colocam nessa posição. Mas não conseguiremos ser sujeitos íntegros e sãos permanecendo na personalidade infantil em corpo e idade de adultos.

Chegamos ao terceiro luto, o mais delicado dos três, o luto dos pais da infância. Porque em algum momento da adolescência percebemos que nossos pais não são super heróis, como os víamos durante a infância. Que nossos pais são frágeis, que mentem e choram e que se parecem mais conosco a cada dia que passa. Precisamos abandonar aqueles pais da infância para poder amar os verdadeiros pais, e isso é duplamente difícil: é difícil porque resistimos a aceitar que nossos pais não são tão perfeitos como acreditamos, o que nos deixa vulneráveis e em perigo, pela perda da sua proteção; e é difícil porque nossos pais resistem a se mostrar como são, e vamos descobrindo aos poucos, geralmente durante momentos de crises de relacionamento.

Não concluir esses três lutos traz consequências futuras, tanto no crescimento profissional, quanto nas relações afetivas.

O que não significa que surjam pensamentos suicidas em função disso. Mas é fácil perceber, até intuitivamente, que a conclusão dos três lutos possibilita que tenhamos maior harmonia entre a vida simbólica e a vida real. Acho que ainda se lembram do conceito de vida simbólica, e de cada um de nós tem a sua, e acho que compreenderam a importância de adequar a vida real à simbólica para que se faça a harmonia interior.

A resolução dos três lutos, aliás, é um ponto importante, talvez o maior deles, para a construção dos símbolos que irão reger a vida simbólica. Pois é o descompasso entre o simbolismo que damos às nossas ações e as dificuldades em elaborar os lutos típicos da adolescência que contribuem para os estados depressivos e que podem suscitar pensamentos suicidas.

O suicídio, entretanto, tem inúmeras causas, como está demonstrado nos diversos casos que descrevemos, ainda que todos sigam tendo um típico fio condutor: a rejeição, seja real, seja apenas sentida.

E o que podemos fazer? Como podemos evitar que amigos nossos nos deixem tão prematuramente? É bom ou é ruim conversar abertamente sobre isso com alguém que dá sinais de pensamentos suicidas? Quais as ações preventivas diante desse quadro?

Tal como combinamos antes: primeiramente, é preciso reconhecer o direito sobre o próprio corpo e sobre desejos e ações, essa é a ponte que ficará à disposição para que o sujeito atravesse o precipício interno e venha até nós. Não haverá pontes se o vínculo não for construído e não for sincero, e a ponte desabará se começarmos com discursos padrão, que todos nós já nos acostumamos a ouvir.

Se conseguirmos passar a ideia sincera de que respeitamos o livre-arbítrio do outro e de que estamos dispostos a ouvi-lo sem críticas, julgamentos ou conselhos, aptos a simplesmente ouvir e acolher, a ponte será atravessada e a queda no precipício poderá ser evitada.

Depois, é preciso ter em mente que há mais pessoas e situações envolvidas no processo, pessoas essas que sequer conhecemos, porque o sujeito não vai falar sobre elas. Não é o que se coloca diante de nós e que passamos a conhecer que confere o risco, é o que não sabemos e provavelmente jamais saberemos. Imaginamos, intuímos, tentamos entender, mas nunca sabemos se nossa análise é certa ou não.

Alguns casos, como o do professor Nivaldo, são encerrados sem que saibamos o que se passou antes de termos entrado em contato com ele e o que o fez entrar em depressão, sair da capital, buscar socorro na medicação que, em última análise, não foi capaz de evitar o desfecho fatal.

Se você for confrontado com uma situação dessas, em que precisa ajudar alguém com pensamentos suicidas, precisa ser honesto por inteiro consigo mesmo: é capaz de se transformar inteiramente num grande e sempre disponível ouvido? Consegue ser alguém sem voz e sem trejeitos físicos de reprovação? Consegue dominar sua ansiedade? Pode anular por inteiro seus julgamentos, seu senso ético, sua noção de vida e morte, sua religiosidade? Em resumo, consegue se transformar em alguém a serviço completo da vida simbólica do outro, sem considerar seus próprios valores e crenças?

Você é capaz de se transformar num grande e sempre disponível ouvido? Se for, espere na cabeceira da ponte, que o sujeito virá a você. Se não for, peça ajuda a quem se dispuser e conseguir ser.

Comece hoje mesmo a treinar com amigos, parentes, com qualquer pessoa que encontrar e quiser falar com você, verá que em pouco tempo irá conseguir. Eu, para lhe dar um exemplo, tinha o costume de pagar almoços para pessoas moradoras da rua. Em troca, pedia que me contassem sua vida. Por todo o tempo do relato, eu ficava calado. Às vezes algum deles me pedia uma opinião, uma palavra, e eu dizia apenas prossiga, estou gostando muito do seu relato. O tempo e a experiência me ensinaram a ouvir sem falar, sem julgar, sem interromper, apenas ouvir e sentir o que aquelas palavras produziam dentro de mim. Já salvei vidas sem emitir uma palavra sequer, apenas ouvindo e acolhendo.

Então, comece a treinar. Você nunca sabe o que o futuro pode lhe reservar.

XII – Catarina

Rosa e Catarina eram as filhas gêmeas do casal de portugueses proprietários da Casa de Secos e Molhados no comecinho – ou no fim, nunca sei onde começam e terminam as ruas – da Tibiriçá. Moravam numa casa bonita, com o quintal abarrotado de árvores frutíferas, no mesmo terreno da mercearia. Eram adultas nos tempos em que eu era ainda uma criança crescida, e eu as conhecia apenas porque em frente à mercearia, do outro lado da rua, ficava a banca de jornais e revistas onde abastecia meu vício, os gibis.

Eram inseparáveis, não era possível ver uma sem a outra, como xifópagas presas por cola invisível.

Catarina conheceu um rapaz muito decente. Religiosa e temente a Deus, ela deixou patente que sexo só seria possível após o casamento, e ele concordou. O namoro seguiu apesar da proximidade entre as duas irmãs, mas, como intimidades não eram permitidas, a presença de Rosa entre eles não eram empecilho algum. De modo que marcaram o casamento, para alegria dos pais.

Na sexta-feira à tarde, véspera do grande dia, Catarina e o noivo foram comprar algumas coisas na rua 25 de Março, em São Paulo, para o enxoval. Era a primeira vez que saíam sozinhos, mas Rosa entendeu que ficaria sozinha a partir do casamento, e preferiu ficar ajudando os pais.

Voltaram mais cedo do que haviam previsto, e Catarina aceitou levar as compras até a casa do noivo, deixar lá algumas coisas que usariam depois. A paixão, somada à certeza de que Deus compreenderia que já eram marido e mulher, consumiram Catarina e o ato se consumou. Não fazia mal, até que tinha sido bom, ele era o homem da vida dela e concretizara um desejo que, afinal, era também dela.

O casamento estava marcado para as dezoito horas, na igreja Matriz da cidade. Ansiosa, Catarina chegou mais cedo e ficou esperando no carro do pai chegar sua hora. Entrou na igreja pouco antes da hora marcada, os padrinhos já no altar, Rosa orgulhosa pela irmã, muitos amigos que sequer tinham sido convidados, mas que foram assistir.

Pode-se dizer que todos os conhecidos estavam na igreja, menos um: o noivo. Que, até o momento em que escrevo, cinco décadas depois, ainda não apareceu e ninguém sabe para onde foi. Ouvi dizer que tem gente que sabe, mas agora não tinha mais importância, porque Catarina já não o queria mais.

Diante do trauma intransponível, e do desejo de Catarina de ir para um convento e se tornar freira, Rose fez um pacto com ela: se ficasse, ela jamais a abandonaria. Ficariam juntas até que a morte as separasse, e não deixariam ninguém, absolutamente ninguém fazer parte disso. Ou seja: ficariam solteiras para sempre.

Uma tragédia a mais amarrou uma à outra irremediavelmente: dois meses depois Catarina desconfiou que estivesse grávida. Diante do quadro assustador, as duas foram secretamente à casa da vó Renira, uma senhora que se dizia parteira e que fazia abortos clandestinos com agulhas de tricô. Vó Renira confirmou a gravidez e fez o aborto. Mediante a promessa de sigilo total, ela cobrou uma taxa extra, mas funcionou.

Talvez nem a gravidez tivesse existido, corria no bairro que a aborteira inventava fetos até em meninas virgens e em idosas ingênuas, mas o fato é que Rosa e Catarina tinham agora, em comum e em segredo, bem mais do que um crime, tinham um pecado mortal.

Em verdade, talvez o pagamento pelo sigilo nem fosse necessário: algumas semanas depois vó Renira foi assassinada a tiros por um marido furioso que descobrira que sua mulher fizera um aborto. Não deveria fazer parte deste relato, mas lá vai: preso e julgado, o marido foi inocentado por um júri que aceitou a linha de defesa do advogado, de legítima defesa: o que você faria com uma pessoa que invadisse a sua casa e matasse seu filho, perguntava o rábula.

Os pais das gêmeas morreram ainda jovens, ambos de infarto. Elas alugaram a Casa de Secos e Molhados para o

Ceará, que a transformou em uma casa do Norte, com as favas, a carne de sol desfiada e as rolinhas fritas típicas. E muitos molhados em forma de cachaça de todas as origens e formas.

Foram se enfurnar naquela casa grande e bonita, e lá passaram décadas de solidão a duas.

Todos os dias, com chuva ou sol, elas saíam no fim da tarde e iam à missa das seis na igreja Matriz, de onde voltavam pelo mesmo caminho. O trajeto de quilômetro e meio era tão rigidamente cumprido, que mais parecia que as calçadas e as ruas estavam sulcadas com suas pegadas, de onde não podiam sair para não se perder.

Muito tempo passou, décadas e décadas. Eu cresci, estudei, me formei, arrumei um bom emprego, casei, fui pai, descasei, aposentei, comecei uma nova profissão e as duas irmãs ainda estavam grudadas e solteiras, saindo religiosamente todas as tardes para a missa das seis.

Numa véspera de Sexta-feira Santa, Catarina marcou uma confissão com o Monsenhor, um homem circunspecto e inalcançável para os simples mortais. Quem colhia as confissões era o Padre Paulo, pároco da Matriz, mas Catarina exigiu o Monsenhor, que recebeu sua confissão. Isso foi antes da missa das seis, no silêncio da igreja e do confessionário. Tempo suficiente para que Catarina pagasse a penitência que Monsenhor lhe passou e pudesse assistir à missa.

Em todas essas décadas aquele foi o primeiro dia em que Catarina não comungou. Embora fosse algo inédito, Rosa não questionou: entrou na fila, pegou sua hóstia, orou, aguardou o fim da missa e voltou com a irmã. Assim que chegaram, Catarina pediu para ficar a sós algum tempo, precisava refletir sobre as palavras do Monsenhor, comungar com Jesus em silêncio. Rosa saiu para o quintal. Absorveu o perfume das flores e dos frutos que se espalhavam pelos ramos e pelo chão e prometeu convencer Catarina a fazer uma varredura no dia seguinte: frutos abandonados pelo chão atraem ratos, que atraem gatos, que atraem mais gatos, e ela não queria a casa cheia de animais.

Quando finalmente voltou para dentro da casa, a vida de Catarina já se tinha esvaído pelos pulsos cortados com determinação. Não lembro se nesse dia o mar açoitou a ilha, até porque não estava na cidade, viajando a trabalho para os confins do Norte, mas guardo a certeza que sim.

XIII – Eu só queria que alguém me ouvisse

Alguns, como Sérgio, suicidam-se para ter o controle que lhes foi tirado sem aviso e sem negociação; outros, como Rose e Flávio, por pavor do futuro previsível distantes um do outro; outros ainda, como Lincon, pela rejeição materna à sua identidade sexual; Antonia decidiu partir por não conseguir viver sem Antonio; Marilyn, que não demonstrou em nenhum momento para ninguém seu propósito, por medo de ficar velha e só; Catarina, depois de tanto tempo e tanta dor, quis libertar Rosa para viver, não sem antes confessar para o Monsenhor o que a religião e a justiça classificavam como pecado mortal e crime hediondo.

Sempre dá para divisar a presença da rejeição.

Quem melhor representou, com tintas bem fortes, a decisão inabalável de morrer foi o professor Nivaldo, até por isso, eu penso, ele freqüentou a maioria das páginas das nossas histórias. Uma história que mostra que, às vezes, é impossível evitar que uma pessoa determinada atinja um fim, e que isso não é nossa culpa, não é nossa culpa.

Quando meu pai me falava do limiar do sofrimento, acima do qual a pessoa enlouquece, e que a loucura é um antídoto que evita o suicídio, queria me dizer que pessoas com pensamento suicida não são loucas, estão no limar altíssimo, mas no controle perfeito das suas ações. As palavras dele, raras e cheias de ensinamentos, preenchiam as lacunas que a vida real me impunha. O que ele fazia era permitir que eu alinhasse essa vida real à vida simbólica que era só minha e que, portanto, ele não podia preencher. Podia me ensinar, se eu estivesse disposto a aprender, mas, para aprender, eu deveria antes apenas ouvir.

Ouvi tudo, embora não tivesse compreendido muita coisa. Ainda estou aprendendo e não me canso de aprender. De tudo o que ouvi dele, no entanto, e sem hesitação, um ensinamento nunca me saiu da mente, e é o que dirige o caminho que escolhi seguir: olhando firmemente para o filho amado, o filho que ele morreria se um dia perdesse, ele me perguntou quem foi que me ensinou que a minha vida valia mais do que a de uma vizinha que ele não conhecia e que jamais havia visto nem veria depois.

Não, não valia. Nem mais, nem menos. E não só aprendi, como tento praticar. Diante de uma pessoa que me externa desejos de se suicidar, eu revejo esse dogma que meu pai me legou: se minha vida vale tanto quanto a dela, então a vida dela vale tanto quanto a minha. O que eu gostaria que me dissessem seu eu estivesse no lugar dela? O que eu esperaria de você, se eu lhe dissesse que pensava em suicídio? O que você poderia me dizer para tentar impedir?

Bem, eu gostaria que você não me julgasse, não interditasse minha autodeterminação, não oferecesse conselhos tão batidos quanto inúteis. Que apenas deixasse a ponte livre para que eu atravessasse o precipício. E que tivesse a certeza de que, se você for mesmo sincero, se eu tiver certeza de que não serei julgado, apenas ouvido, eu atravessarei e buscarei você.

Porque, agora sabemos, o que faz da morte de alguém que deseja morrer mais dolorosa do que a morte de alguém que deseja viver; a comoção tão grande que provoca um suicídio não é a morte em si, mas a sensação de que nós falhamos na missão de salvar aquela pessoa. Sentimos culpa, frustração, impotência.

Vera Lúcia morreu por culpa do acidente; Zé Carlos e Alejandro, por culpa do câncer. Sérgio morreu e eu acreditei que foi culpa minha, como o mais velho da turma eu deveria ter compreendido os movimentos dele; Rosa se culpou pela morte de Catarina, a irmã estava estranha naquele dia, não deveria tê-la deixado só; os filhos e netos também assumiram a culpa pela morte de Antonia; Lincon culpou diretamente a mãe, mas os meninos que o flagraram no banheiro sentiram culpa; havia um sentimento pesado de culpa naquela turma que tentara cuidar do professor Nivaldo.

Toda vez que tentamos evitar uma morte e não conseguimos, sentimos culpa. Isso é parte do nosso complexo de Deus, que nos convence de que podemos evitar o pior, mas não podemos. Viceja em nós a mesma ânsia de controle que Sérgio nos dizia querer ter, e que desgraçadamente teve. Não somos capazes de evitar tragédias, apenas o próprio sujeito pode fazer isso, e talvez o faça, se encontrar em nós acolhimento e respeito pela sua dor.

Ou seja: a comoção não é pela pessoa que se foi porque queria ir, a comoção é por nós. E é um sentimento equivocado, porque é evidente que não somos responsáveis pela morte de ninguém, a menos que apertemos o gatilho.

Se eu lhe dissesse que decidi me suicidar, eu queria muito que você se transformasse num ouvido. Um grande, gigantesco e acolhedor ouvido. Que não me julgasse nem julgasse a si mesmo. Então, se eu decidir permanecer ao seu lado terá sido uma grande vitória sua. Mas se eu decidir seguir com meu plano e tiver sucesso, nenhuma culpa lhe caberá. Ouvidos jamais são culpados por qualquer ação.

Quando eu olhar para o precipício e enxergar a ponte que você deixou, eu atravessarei com a certeza de que você irá me acolher sem perguntas. Então ficarei e agradecerei, porque finalmente alguém respeitou minhas decisões. Talvez eu lhe fale das minhas dores, talvez não, mas de qualquer forma eu ficarei simplesmente porque você se dispôs a me escutar.

Em palavras simples: finalmente alguém me aceitou.

XIV – Imortais

Eutanásia é prima-irmã do suicídio, um jeito de abreviar a vida para abreviar o sofrimento, porém com o auxílio profissional no ato da morte. Uma espécie de suicídio a dois, claro e explícito. Nesse procedimento o processo da culpa não se instala, a vontade do suicida é respeitada. Preconceitos e crenças, especialmente religiosas, no entanto, consideram a eutanásia tão grave e pecaminosa quanto o suicídio.

É a crença fundamentada de que nossa vida não nos pertence.

Evidente que a vida merece ser vivida, até porque temos apenas uma e precisamos aproveitá-la. Seria ótimo se ninguém fosse levado a abreviá-la, mas a realidade é outra. Contingências típicas da própria vida muitas vezes nos fazem crer que não vale a pena continuar. Há notícias de suicídios diários, notícias que nos abalam e nos fazem refletir sobre as causas, as conseqüências e as providências que poderíamos tomar para evitar tantas perdas e danos.

Claro que um ato extremado é sempre provocado por pensamentos extremados. A dificuldade, no caso presente, é entender o que é extremado para o outro: acontecimentos que são simples para um podem ser terríveis para o outro. Não podemos medir o outro com nossa régua de emoções.

Podemos evitar os preconceitos que mancham o assunto, e que derivam quase sempre da religiosidade, refletindo sobre eles. Conto uma história, para ilustrar: é o caso de um jovem que, num acesso de fúria, matou a companheira e se suicidou logo depois. O caso chocou a região.

Alguns meses depois os pais do rapaz me procuraram com o seguinte problema: tinham tido dificuldades para absorver o choque da tragédia, mas seguiram caminhando, esperando que o tempo se encarregasse de diminuir a dor. Tinham filhos e netos para cuidar e decidiram se dedicar aos vivos.

Aconteceu que recentemente encontraram com uma amiga que lhes garantiu que suicídio é pecado mortal e que suicidas vão para o inferno. Desde então, a mãe do rapaz havia decidido que deveria também se suicidar, para ficar cuidando do filho naquele lugar terrível chamado inferno.

Meses de terapia foram necessários para devolver a paz ao coração sofrido daquela mãe. Meses de ansiedade e, às vezes, de desespero, que afetaram inclusive o trabalho do marido, ocupado em não deixar a mulher sozinha por muito tempo.

Ter fé é bom, dificilmente conseguiremos seguir neste mundo sem alguma fé. A fé, porém, não deve ultrapassar certos limites. Um desses limites é a liberdade, um direito que não pode ser subtraído de ninguém. Ter liberdade significa poder ser e poder tomar as próprias decisões. Não ser interditado em função de nada.

A liberdade traz conseqüências boas e ruins? Com toda certeza, não há garantia de que todos saibam estabelecer que também a liberdade tenha seus limites: a minha termina onde começa a sua. Mas esses limites são, justamente, os que me dão o direito de decidir, desde que não afete você.

Para o suicida, o suicídio é um ato íntimo e libertador, algo que pode ser feito sem ajuda de ninguém. Um ato solitário, um libelo de decisão unilateral e definitiva. O ato suicida começa e termina em si mesmo e, a partir dele, na compreensão do suicida, os sofrimentos cessam, tanto os seus quanto os das pessoas que o cercam. Ao fim, é um ato de compaixão, uma certeza de que livrará as pessoas da dor que lhes causa.

Para os que ficam o suicídio é uma ação desesperada que poderia ser evitada se tivessem chegado alguns minutos antes. Não compreendem que não se trata de uma questão de minutos, mas de meses ou de anos cumulativos dentro da alma torturada do ser amado. Para os que ficam o suicídio é um ato a dois.

Como a história é sempre contada pelos que ficam, as dores dos que se foram são relegadas a segundo plano, e passamos a contar nossa própria dor. Que é real e é tamanha, mas que não foi a causa do suicídio da pessoa amada.

Contar nossa própria dor pode ajudar a superar o trauma, mas não vai ajudar a prevenir novos suicídios. Precisamos começar a contar a dor a as motivações dos que se foram, de quem decidiu partir por vontade própria. Falar sobre a necessidade de controle que movia Sérgio, e das dificuldades de quem o cercava de lhe fornecer algo tão simples; falar sobre as motivações de Antonia, sua necessidade de seguir com o Antonio amado; falar sobre Lincon e sua identidade sexual reprimida porque a sociedade o condenaria; falar sobre Catarina e a religiosidade extrema que a condenou ao ato final; falar sobre Rose e Flávio e sobre as relações familiares que destroem vidas em nome de convenções hipócritas; falar sobre a mãe sofrida que sentiu a necessidade de também ir para o inferno cuidar do filho.

A imortalidade consiste em permanecer vivo na memória de alguém. Não somos como somos, mas como o outro nos vê, daí que a imagem que o outro faz de nós permanece na sua mente mesmo depois que morremos. Jesus é imortal, mas Hitler também é, e ambos assim serão enquanto um único ser vivente na terra guardar suas imagens na mente.

Nas tardes mais difíceis da depressão eu ia visitar o túmulo do meu pai e meditava sobre a vida e sobre o que ele diria para me ajudar a superar. Era comum caminhar por entre os túmulos, horas a fio, ler nomes datas, ver fotos. Eu era capaz, apenas olhando os cuidados que os túmulos recebiam, de dizer quem ali era imortal e quem já tinha sido apagado para sempre, a imortalidade é só para aqueles que vivem na lembrança de alguém.

No derradeiro ato o suicida está sozinho no palco, mas sempre há alguém na platéia, que não vê o ato porque as cortinas já se fecharam. O espectador não vê o ator pendurado numa corda ou estirado no chão em meio a uma poça vermelha, mas o ator vê o espectador. Assim que a vida se esvai definitivamente do corpo do ator, o espectador desaparece da mente dele para sempre, mas o ator fica na mente do espectador. Ironicamente, o ator suicida se torna imortal; o espectador morre.

Na desesperada tentativa de se livrar das dores e, portanto, de si mesmo, o suicida acaba se livrando das pessoas com quem conviveu. Tanto das que o aborreceram, quanto das que o amaram e o protegeram. No seu gesto minuciosamente planejado, ele mata a todos e permanece vivo na mente de todos. Mais, muito mais do alguém que morreu por morte natural ou acidental, o suicida se torna imortal.

Nas muitas décadas de uma vida intensa e recheada de acontecimentos assisti a incontáveis mortes, que só vêm à memória em ocasiões especiais, quando alguém as traz. Muitas nem isso. Mas a morte de Sérgio ainda me assombra. Tenho certeza de que assombra também toda a turma do Catiapoã. Vive em mim a imagem do seu rosto, voltam à memória suas palavras, sangra minha alma todas as vezes que passo diante do monumento ao descobrimento e vejo meninos nadando por ali, ou quando atravesso a Ponte Pênsil e assisto os mergulhos de jovens sem medo, que continuam desfiando a autoridade policial.

Muitos jovens morreram no salto proibido, mas eu só me lembro de Sérgio. Assim como muitas pessoas morreram sob a ponte dos Barreiros, mas só me lembro de Lincon. Ao fim, o suicida é mais imortal do que qualquer outro, e essa condição mantém a sensação de culpa que carregamos se, porventura, tivermos convivido com ele tempo suficiente para criar o vínculo que passa a funcionar como um cordão umbilical.

Para que nos livremos da culpa, precisamos falar de suicídio e do suicida. Reconhecer que não somos capazes de impedir todos os atos de todas as pessoas. Perdoar-nos por não sermos capazes, já que humanos somos, e manter a pessoa que decidiu partir, apesar de todos os nossos apelos, viva na mente, para que, enquanto vivermos, ela seja imortal.

Porque, para nós, que permanecemos caminhando por este planeta, o suicídio é um ato a dois. Mas, para o suicida, é um ato solitário, onde as cortinas são fechadas um minuto antes para que o espectador não saiba da corda pendurada no caibro do teto, ou do sangue escorrendo pelo chão da cozinha, ou do mar acolhendo a alma ferida, ou das rodas do trem dilacerando a beleza, ou dos lençóis de bilhetes aquecendo o último ato de um desesperado amor.

Onde as cortinas são fechadas um minuto antes do ato final, justamente para que o espectador não assista ao ato, mas retenha na memória os momentos anteriores, quando choramos e rimos juntos, e nos aplaudimos simultaneamente.

Em certas madrugadas passo um café e sento no sofá, esperando pacientemente o sol acordar. Então eu me esforço para recordar o único gol que Sérgio fez, com um passe meu, e na turma da Vila Sorocabana. Recordo a alegria, a festa, os abraços. Nem sei se perdemos ou ganhamos o jogo, porque não importa: é essa a lembrança que Sérgio gostaria de deixar em mim, tornar-se imortal não pelo último mergulho, quando teve o cuidado de fechar a cortina para que não víssemos, mas pelo primeiro gol, escancarado e lindo, um gol para não esquecer.

Sérgio é imortal porque fez o gol. O gol foi mesmo um ato a dois. O mergulho é um ato a dois apenas para mim, ele tomou o cuidado de fechar a cortina antes do derradeiro ato. Para me proteger.

www.ingramcontent.com/pod-product-compliance
Lightning Source LLC
Chambersburg PA
CBHW061351250726
48657CB00004B/1442